街頭與牢籠之間

之間

台灣民主化的無名英雄

陳婉真————著

不求光環的無名英雄

　　不久以前，陳婉真再度前來北美、加拿大等地採訪424刺蔣事件發生時的關係人物，最後一站來到舊金山南灣訪問康乃爾大學出身的學人黃介山（前史丹佛東亞研究員）和洪慶茂（退休NASA航太工程師）。黃洪兩人在康大深造的時候，正巧李登輝總統、黃大洲市長、黃文雄（刺蔣主角）也在同校攻讀博士學位。當時，康大台灣留學生並不多，所以他們幾個人互相認識，還三不五時聚在一起交誼。

　　同一天（2018.12.10）中午，近20位鄉親用「拍臘」（Pot Luck）方式歡迎兼餞別陳婉真。餐前，安排訪問和餐敘的主人何文亮對我說：有事「勞煩」你，先用餐再來「參詳」。餐後，文亮介紹我和陳婉真「認識」，他說：「校對《台灣民主化的無名英雄》的人選是他。」

　　何文亮是台灣社團重要的意見領袖，50多年來奉獻鄉社，樂意行善，因此廣受鄉親的敬重。他推薦我校對《無名英雄》，當時，我心裡想：「無名之輩」為「無名英雄」做義工，拄拄好速配，我不好意思推辭。陳婉真是台灣奇女子，一生跨界媒體、政壇、社運、文史，是高明的寫手，下筆率真又流暢，文章可讀性甚高，我有此機遇可先讀大作，何樂不為？

　　陳婉真留下她的稿件，次日離開美國。兩週後，我傳簡訊給她：「文稿校對大功告成。」之後，我準備迎接眾兒孫回來過聖誕節。12.25聖誕節，陳婉真回覆：「謝謝您『拔刀相助』，將使一

再延宕的出書計劃順利進行。我還有『不情之請』，能否請您寫篇序？」「我試試看。」我回答她。就這樣子，我為《街頭與牢籠之間——台灣民主化的無名英雄》寫序。

進行校對稿件當中，我身不由己常常走入時光隧道。首先，我看到「二二八」黑暗時期從三峽祖師廟放出來的光芒，修建廟宇的負責人李梅樹教授帶領來自島內各地手藝精湛的師傅和國立藝專雕塑科優秀學生，創造出藝術作品和宗教信仰融合的在地文化。又看到「二二八」抗暴行動：陳篡地醫師率領民兵攻打虎尾機場，事敗撤軍到古坑山區打遊擊；溪湖民眾支援台中二七部隊；「二二八」受難者家屬在追尋事變的真相、在紀念受難親人不幸的遭遇。

我又看到「走街頭」為著台灣人的尊嚴去做各種社會、民主運動。他們都是不求光環的草根人物：戴振耀（農運推手）、林文德（祖師廟銅雕）、陳武璋（人權律師）、陳文輝（華陶窯）、李金億（甘草人物）、黃山貞（眷村起家）、陳來興（畫家、社運）、陳明秋（街頭戰將）、林國華（農運戰神）、陳鳳（濁水清流）、詹益樺（自焚烈士）、許昭榮（台籍老兵）、林水泉（切腹明志）、林樹枝（二度受難）、王朝鑫（民主金主）……。這些無名英雄各有各的真實故事，值得我們去認識、去體會、去學習。

最後，我又看到流落在「海外」的義人在列，他們赤忱的心永遠牽掛著母國的未來。「陳錦芳」從黑名單到聯合國和平大使生命故事，他是巴黎大學現代美術史博士，是世界台灣同鄉會主要的推動者，列名世界藝術史的台灣畫家。「黃根深」留美畫家，任教於田納西大學，為台獨刊物編輯、插畫、封面設計。「刺蔣兵團」的關係人：張文祺、呂天民、王秋森、鄭紹良等人。「遺孤刺蔣」：二二八父親被槍殺的遺孤（不願曝光）親率「四人暗殺隊」，埋伏

在洛杉磯中國城準備乘機槍殺小蔣，可惜主導行動的獨盟主席臨陣喊停，使一命還一命的任務功虧一簣。

　　看完這本書，我明白陳婉真用心良苦。她曾經指出台灣政治人物沒有歷史觀，平常百姓歷史感更是淺薄，她選擇淡出政治圈，回去彰化鄉下田中鎮，一邊種菜維生，一邊撰寫70年來台灣民主運動史中無名英雄的故事。最近幾年，她把挖掘出來的故事，陸續發表在《網路台灣民報》、陳婉真臉書（Facebook）。她把已經出爐無名英雄的故事，加上多篇新近採訪的記錄，通通收集在本書裡。這些歷史故事在在希望台灣人能夠傳承歷史經驗，啟發台灣人對將來有想像力，創建一個新而獨立的國家。

紀哲嘉

2019/1/5於美國加州Sunnyvale

看見草根生命力

　　早在二十多年前，我就常和朋友談到，應該有人為一些在基層、在街頭默默為台灣民主運動付出的草根工作者留下他們的故事，畢竟台灣能有今天的政治改革，靠的就是那無數在街頭、在牢籠，甚至在社會各個角落，以各自的方法為土地付出的無名英雄，他們的故事絕對比那些留在政壇的不倒翁更加感人，更值得作為年輕人的表率。

　　我等了十多年，似乎很少看到類似的書或報導，後來決定自己來寫，最大的動機是，台灣經過兩次政黨輪替，明明是本土政黨執政，卻還是擺脫不了國民黨七十多年來的洗腦教育，明明全世界都稱我們是台灣，我們自己卻還死抱早已死亡的「中華民國」牌位不放，讓人民活得很沒有尊嚴，台灣建國之路更加遙不可及。

　　兩年前有機會為網路報《民報》寫稿，名為彰化特派員，實則彼此之間沒有什麼特別的約束，我想寫什麼就寫什麼，於是開始有計畫的訪問那些基層無名英雄，我原本在做的1940-1950年代口述歷史的訪問速度變慢，但範圍擴大為不分年代，只要有值得記述的人或事就去訪問，許多人所經歷的年代和我差不多，很多是我當年的同志，寫起來也更快更多，串起近七十年來各角落各階層努力打拼的台灣草根拼圖，這拼圖還小還不完整，但至少是一個開端。

　　訪問的過程中，有些是等到他們過世後，我才趕著去採訪家屬，或是憑著以往的交情，為他們寫的追悼文，說起來令人感慨，原來我們這一代早就到了該退出歷史舞台的時候了，那麼像我這樣

還活著的人，更應該加緊把他們的故事讓世人知道，知道曾經有那麼一段世界最長的戒嚴時期，我們的故鄉台灣，曾經有那麼多人為了一個當年看起來不可能達成的夢想努力過，而那不可能的事——國民黨垮台，就在我們當年不計成敗得失的傻勁與許多人的犧牲之後，夢想成真。

本書所觸及的人與事，有二戰台籍老兵，也有三一八學運的參與者；有二二八事件相關議題，也有曾經流亡海外有家歸不得的黑名單；更多的是被主流政客視為社會邊緣人的街頭常客，以及戒嚴時期白色恐怖受難人士。受限於媒體的特性，每一則報導都只能略述一二，無法深入訪談，但至少把故事流傳下來，期待有更多人深入追蹤。

在國民黨政權長期有計畫的洗腦教育下，台灣歷史被嚴重扭曲湮滅，導致台灣人的歷史失憶症日益嚴重，一個沒有歷史文化的民族，要談獨立建國是不可能的，因為它連自己所從來都不知道或是無所謂，怎麼會在意自己未來要往何處去？這是台灣當前最大的危機。

化危機為轉機沒有撇步，只有一步步加強各級學校的歷史教育，把奇怪的所謂「中國文化基本教材」，或是「中華文化基本教材」從學校課綱中拿掉，改為「台灣文化基本教材」；把「中國近代史」併入亞洲史或世界史的一小篇，換成「台灣近代史」，我們的下一代才不致於對自己上代、上上代的過往一無所悉，繼續接受國民黨政權以往所強加於我們的大中國史觀，那才是真正的數典忘祖啊。

然而，如果沒有人努力去補綴這七十年來被刻意抹滅的台灣故事的話，台灣近代史的內容必定還是過往洗腦時期的教材內容；台

灣文化基本教材也將空泛無物。

　　最近，有一位當年國會國民黨籍同仁有感於台灣媒體的空泛，要我出面整頓，我哪有這個能耐？我僅有的只是和年輕時同樣不滅的熱情，做我自己能力所及的事而已，至於大環境的改變有沒有方法？有，那就是全民監督、全民一起來改變這個社會，每個人做自己能力所及對台灣有益的事，台灣的潛力無窮，因為我們的草根生命力永遠如此旺盛！

陳婉真

2018/8/20

目錄

二二八

走街頭

跑海外

二二八

李梅樹與三峽祖師廟

台灣的廟宇無所不在，但三峽祖師廟很特別，它是由東京美術學校主修西洋畫的李梅樹教授負責重建，他從46歲人生最活力充沛的壯年開始，專注投入，並把他在國立藝專雕塑科的學生帶到廟裡實作，完成了許多銅雕作品，直到36年後他過世為止，廟的重建工程還未完成。

藝術與宗教建築的炫麗交會

李梅樹死後，祖師廟管理委員會決定採購中國進口的廉價石柱，導致同一間廟裡兩種截然不同石柱共存的怪象，但李梅樹終其一生所投入重建的祖師廟，因為他堅持遵照古法重修，從各地聘請很多匠師駐廟修建，無論是建築型式或石雕、木雕、剪黏等，都是他親力親為指導的作品，是藝術界公認的文化瑰寶，祖師廟也被日人譽為是「東方雕刻藝術的殿堂（原文是台灣的東照宮）」。

李梅樹從政經歷豐富，曾在1934年擔任日治三峽庄協議員，戰後於1945年擔任三峽街的代理街長、首任民選三峽鎮民代表會主席；1949年，被民眾推舉為三峽鎮農會理事長，兩年內使農會轉虧為盈，獲台灣省農林廳表揚為全省第一的模範農會。從1950年起，李梅樹還連任了三屆台北縣議員。

1959年他原本打算在次年參選第四屆台北縣長，時任台灣省政府主席的周至柔問他準備了多少錢，那時台北市尚未改制，包括士林、北投、南港、內湖、木柵、景美等6鄉鎮還是北縣轄區，李梅樹評估以台北縣35鄉鎮平均每鄉鎮1萬元計，告訴周至柔說他打算以賣畫所得估計約30萬元投入選戰。

△李景光和陳淑惠夫婦。她的身後是李梅樹於 1975 年以她為背景畫的《屋頂花園》。

　　那個年代30萬元足可以在台北市買一棟透天店面，可惜李梅樹不諳國民黨的政治生態，這些錢根本不夠黨工塞牙縫。他為此特別在中山堂舉辦一場李梅樹個人油畫展，楊肇嘉、蔡培火等人士都前往捧場，最終仍未獲提名。

　　「他在政治界活躍的那幾年，是他創作最少的時候，所以還好他後來不再從政，才能專心當教授、創作及重修祖師廟。」他的兒子也是李梅樹紀念館館長李景光說。

祖師廟前的斷頭橋

　　李梅樹對故鄉三峽的愛展現在他的畫作裡，也展現在他一生堅持的理想性格。1982年，三峽鎮公所有鑑於到祖師廟參觀的遊覽車眾多，打算在廟埕正前方新闢一條八米道路，廟前跨越三峽河的預定橋樑比廟的屋頂還高，李梅樹極力反對，因為無論是由風水學或

美學的角度，一條筆直的大馬路俯衝祖師廟而來，是他無法容忍的，李乾朗等多位學者專家也前往聲援，終於迫使公所改變原計畫，只做了一條人行橋，而且到了祖師廟廟埕前即向兩邊呈90度轉彎，成為一條設計怪異的斷頭橋。

可惜李梅樹無緣見到這條橋完工就走了。「他是被這條橋的規劃案氣死的。」李景光說。

李景光和他的堂兄弟在1990年成立了「劉清港醫師李梅樹教授昆仲紀念館」，劉清港是李梅樹的胞兄，隨母姓，是影響李梅樹很深的人，也是在父親反對下極力支持李梅樹赴日學畫的大哥，第二代的感情依舊深厚，因而決定成立兩兄弟的紀念館。

1995年，李梅樹紀念館搬到中華路43號現址，因李梅樹較具知名度，乃接受地方人士建議，改名為李梅樹紀念館，所有建館經費全由兄弟們自掏腰包，在年年虧損的情況下，經營至今已經是第27年。

總共投入多少錢？「至少上億，三兄弟均分，每人至少負擔超過3千萬以上，這間美術館的房貸，兩年前才剛繳清。」李景光說。而經費來源，有時是賣畫，有時賣些李梅樹留下來的地產，雖然有部分來自政府的補助經費，相形之下不過是杯水車薪，這是台灣經營私人美術館的普遍困境。

李梅樹的畫風一生堅持寫實路線，他尤其畫了很多三峽的風景及身邊的人物，兒女媳婦都入畫，李梅樹常常一邊畫一邊說：「你要記住，我雖然把你當模特兒，但這張畫不是要給你的。」李梅樹也很少賣畫，身後留了很多作品。

雖然李梅樹身處白色恐怖的年代，公開場合難免說些例如「我們中國人」的話，李景光可是在李鎮源博士籌組建國黨時就加入成為黨員，兄弟姐妹也都有強烈的台灣人意識。特別李梅樹是在1934年就與畫友廖繼春、楊三郎、陳澄波、顏水龍、李石樵、陳清汾及立石鐵臣等七人，創立「台陽美術學會」，陳澄波在二二八事件中

罹難的事，對學會會員打擊很大，或許也是基於深知父親那個年代的有苦難言，子女無論如何也想把父親對三峽的愛，以及父親留下來的作品傳承展出，讓更多人有機會欣賞。

風雲變色二二八

　　李梅樹紀念館從6年前開始，每年3月間會舉辦「梅樹月」，把藝術帶入觀光人潮日漸增多的三峽，今年適逢二二八事件70週年，紀念館特別在系列活動中規劃一項名為「大時代的色彩——二二八事件70週年紀念美展」，首次展出李梅樹畫的三峽在地二二八受難者張武曲肖像畫，也展出陳澄波遺書唯一交待「為家保存」的作品〈清流〉；另一件令人印象深刻的是顏水龍在二二八事件當年10月，在中山堂的第二屆省展期間，想起前一年同一地點的省展還和陳澄波並肩合照，內心痛苦，登上中山堂畫了一幅〈風雲變色的觀音山〉，整幅畫幾乎是一片血紅與暗黑，天上的雲怎麼看都像是陳澄波身上的血跡，望之令人動容。

▽次年顏水龍畫的〈風雲變色的觀音山〉天上的大片暗紅與其說是雲，其實更像陳澄波及二二八受難者的血（陳婉真翻拍）。

△李梅樹畫三峽在地的二二八受難人士張武曲肖像畫（陳婉真翻拍）。

　　「修飾台灣島的春天」是1934年台陽美術協會成立的宗旨，創會宣言是由李梅樹和灣生畫家立石鐵臣共同起草，並由立石鐵臣在會中代表宣讀。由於有這一層淵源，紀念館特別向日本借得多幅立石鐵臣的真跡畫作跨海參展，這是絕無僅有的一次難得展出。

　　「我們想說，梅樹月辦了6年，如果以小學生就學年限算起來，也應該可以畢業了。」可是文化部不同意，要求紀念館明年繼續舉辦「梅樹月」活動，已經年屆八旬的李景光只好繼續規劃，明年將以日籍畫家鹽月桃甫的原住民圖像為主題。

　　鹽月桃甫是日治時期描繪台灣原住民圖像的「先覺者」，也是當時最鮮明的「番人繪畫者」，台展西洋畫部出品的第一件原住民圖像創作，即是由鹽月桃甫率先提出；鹽月也是歷屆台展出品最多原住民作品的畫家，並以此作為追求「地域色彩」的命題，帶動風潮。1930年「霧社事件」爆發後，鹽月以一幅原住民母親護衛稚兒的巨作，表達出人道的反省力量，更是近代台灣繪畫史上僅見之反映這件殖民統治悲劇的唯一作品。

　　紀念館憑著李景光兄弟的人脈，以及長期堅持傳承李梅樹精神的不屈意志，雖然年事已高，面臨接班困難等窘境，仍然努力維持每週六、日開館，及週間接受預約的制度，新北市政府也看到他們的努力，今年特地頒發一座「社會教育貢獻獎」給紀念館。頒獎典禮中引用李梅樹的座右銘：「人空著來，也空著去，所以要對社會、國家做有意義的事。」抱持這樣座右銘的李梅樹，不但為三峽、為台灣留下許多彌足珍貴的藝術珍品，他的為人處世，更成為子女及無數識與不識者的學習典範。

（原載2017.9.21.民報）

陳篡地百年古宅
訴說有情有義的二水二二八故事

　　在二二八事件中，除了最為人知的「二七部隊」之外，另一隊以武力和國民黨軍對抗的，就是在斗六行醫的陳篡地的游擊隊了。

　　出生於彰化二水的陳篡地，他的夫人謝玉露是婦產科醫師。二二八事件中，他曾領導民兵攻占虎尾機場，國軍展開大屠殺時，他為了避免在斗六市街對抗造成傷亡，退到古坑繼續打游擊，直到彈盡援絕，不得不各自解散，他輾轉從古坑到草嶺，再轉往竹山，半年多之後，才轉回二水老家。

　　陳篡地的老家在山腳路東側，屋後不遠處即是八卦山脈。祖厝是陳篡地的父親蓋的三合院，虎邊護龍因久無人居，已經傾頹，只剩幾根水泥柱子，龍邊房子狀況還好，陳家子孫目前僅剩陳篡地大哥陳振興的長子陳勇行，住在老家旁一間另行興建的房子裡。

▽二二八事變中組游擊隊和國軍對抗多年的二水醫師陳篡地祖厝願意提供作為紀念館；二水鄉公所祕書陳文献也樂觀其成。此案如果成真，將成為填補彰化縣二二八歷史罅隙意義重大的第一彈。

△二水陳篡地醫師祖厝龍邊建築完好。

　　陳振興也曾因掩護陳篡地被抓到台北審問了10個月，受盡折磨與苦刑。「我父親直到他過世，從來不肯告訴我們他在台北的遭遇，我們只知道他遭受到各種刑求，我姑姑陳碧草也被灌肥皂水，其餘詳情沒有人知道。」陳勇行說。

　　陳勇行的姑姑陳碧草，在陳篡地藏匿於後山山洞期間，大多由她負責送飯，她也因而被捕，在審訊期間，負責偵訊她的警總小隊長王曙光，看她面對各種嚴刑拷打依舊不屈服，深受感動，因而娶她為妻，至於陳碧草是否心存減輕家人所受的生命財產威脅而委屈下嫁，地方上眾說紛云。唯一一致的看法是，這一家的團結友愛與面對強權的勇氣，令人既心疼又敬佩。

　　事實上，陳篡地的父母兄長，在他打游擊期間，早就預想他未來的退路，他們找了幾位地方上信得過的親友，在自家後山占地一甲多鳳梨園的石笱護岸下面，挖掘地道，外面是一大片鳳梨園及龍眼林掩護，因為地處偏僻，足足讓他藏匿了6年後，由於國民黨政權不斷擴大牽連逮捕，陳篡地的親友中總共有24人被捕，5人被判死刑，尚不包括前述的陳振興和陳碧草。

根據二水明世界布袋戲團茆國聰訪問陳家的說法，陳篡地的父親開武道館，師兄弟很多，其中最重要的人物是陳昆崙，在挖地道期間他裝瘋，每天扛著神轎在鳳梨田四處亂舞，又是敲鑼打鼓的，其實是想掩蓋過挖地道發出的聲響。這才是陳昆崙後來被以參加共產黨罪名槍斃的真正原因。

　　根據陳勇行保存的「台灣保安司令部判決（39）安潔字第1293號」的判決書記載，24名被告是：陳崑崙、許聆音、謝信通、陳順辰、張炎祈、陳進財、謝再添、羅樹溝、張炳章、陳金澤、陳炎鍾、葛有朋、莊仁讚、楊潘河、賴鏡堂、黃漢朝、陳清一、鄭献堂、沈祈安、李文通、賴金德、陳能波、葉山林和陳玻理。前5名被判死刑者中，陳昆崙（陳家通訊錄是昆崙，判決書上的名字是崑崙）是他的侄子；許聆音是他的內兄。

　　判決書的「犯罪事實」說，「……（二二八）事變後在逃之匪要陳篡地等，皆組『中國共產黨台灣工作委員會』及『台灣民主自治同盟』，以台人治台為（號）召，吸收台籍青年參加入盟，且籌組各支部從事地下活動，意圖組織地下武裝部隊，為匪軍攻台策應顛覆政府……」，判決書也指出，前5位被判死刑的被告常赴「二水坑口山頂會晤陳篡地」。可見陳篡地在二水藏匿期間，即便國民黨布下天羅地網，他的戰鬥意志依舊堅強，而二水鄉親的合作無間，即便那時已是白色恐怖時期，全國實施連保連坐、軍警多次前往搜捕，仍無人供出陳篡地的藏匿處，那種堅定的向心力與面對暴政無人背叛的情操，令人感動。

　　國民黨後來得到情報確知陳篡地藏匿在二水之後，採取更為嚴苛的做法，以卡賓槍押著村長陳慶全，由陳慶全帶著軍警到陳篡地的藏匿地道口向他喊話，雙方談判後，陳篡地終於出面投降。外傳陳篡地是因為謝東閔居間相助，才得以保住一命，據陳勇行的說法，謝東閔雖是他叔叔的同鄉及同學，此事謝並未插手。

　　陳家經此打擊，不但陳篡地被強制留在台北行醫以便就近看管，其餘子孫也紛紛遠離傷心地，事隔70年，當初陳篡地藏匿的鳳梨園已經轉手，地道也早已崩塌不見，倒是老家祖厝依舊在，客廳上還供奉祖先牌位，但已無人居住。

　　由於二二八事件中少數武力對抗的領導者，多數為彰化人，彰化縣議會去年年底提案通過，請縣府在本縣適當地點設置二二八紀念碑或紀念園區，彰化縣文化局看到本報報導後，日前特地往訪陳勇行。

　　陳勇行說，如果縣府可以協助幫祖厝略作修繕，他願意說服親族，同意提供祖厝作為二二八紀念館，至少做為二二八事件中極少數看清外來統治者真面目，勇敢以武力對抗的陳篡地紀念館，也是極有意義的美好結局，讓這個可歌可泣的戰鬥醫師，和他眾多情義相挺親友的故事永世流傳，那才真是有血有淚的台灣歷史啊。

（原載2017.3.18.民報）

單兵作戰的
台獨「小蜜蜂」／謝常彰

二二八事件最慘烈的期間，其實是在蔣介石派兵展開大屠殺的3月8日，高雄市則早在3月6日，彭孟緝就派兵殺到高雄市政府了。而1987年當鄭南榕、陳永興及李勝雄等人首次打破禁忌展開二二八和平日促進會環島遊行時，3月7日遊行到彰化縣政府前，受到最嚴重的鎮暴警察暴力攻擊，多位手持鮮花參加遊行人士被打得頭破血流。

△旅美工程師謝常彰以一個人的力量每年花兩個月回台宣揚台灣建國理念。今年更獨自辦理二二八七十週年紀念活動，他一個人找的資料，比彰化縣政府花大錢委外辦理的紀念活動，更具內涵。

彰化縣政府雖然應景式的辦了兩場與二二八相關的活動，卻都未深入談到70年前在彰化這塊土地上發生的二二八故事。一位旅美工程師、美國台灣人公共事務會（FAPA）台灣史地研究員、土生土長的北斗人謝常彰，因而決定在北斗鎮老人會館，自行舉辦二二八事件七十週年的說明會，時間是3月4日下午2:00~5:00，他以個人40多年來的研究心得旁徵博引，告訴故鄉人70年前的此時，北斗究竟發生了什麼事，附帶告訴鄉親台灣獨立建國的重要性。

謝常彰，成大土木系畢業後赴美深造，曾在大學任教，多數時間在工程顧問公司任職。大約10年前退休後，每年返回故鄉台灣兩個月，他去尋找從前為民主運動打拼的早年街頭戰將，送給他們一個不大不小的紅包以示敬意，多數時間他自己製作比選舉時候選人插在馬路上的旗子還要大的大旗，上面寫著「打倒中華帝國主義」，一個人騎著腳踏車沿路展示他的標語旗。

他一開始是以這種最原始的方式宣揚理念。有一次在北斗街上，剛好碰到一位曾任縣長的民進黨政治人物，對方竟然特地跑到他面前說：「你不要太激烈啊。」令他相當錯愕，「騎車帶個標語就算激烈？民進黨的政治人物未免太自我設限。」

他回到家中休息時，就把旗子拿下來，綁在自家屋頂，想不到第二天起床，旗子不知被誰拿走了。

後來他看到選舉時候選人拜票利用「大聲公」沿街宣傳，他覺得這方法不錯，立刻去買了一套設備，有時騎車，有時搭公車或火車，想到哪就到哪，最遠曾經跑到淡水及高雄等地。有一次他到高雄的一個公園演講，等他講完後，聽眾對他說：「我們這裡你不必來講了，我們都很清楚，你要去清水、龍井那些地方講給他們聽啦。」

「我第二天真的就到龍井街頭開講，沒想到海風很強，家家戶戶門窗緊閉，根本講不下去。」

這大概是謝常彰街頭小蜜蜂突襲式演講最受挫折的一次，其餘多數時候，無論他在菜市場、在十字路口、在廟口，不管聽眾多少，他總是找到一個定點就開講。

「有一次我對著田間一位正在工作的農婦演講。講完後路旁一間民宅突然有人打開窗子向我拍手。」這更堅定他無論人多人少走到哪講到哪的一貫堅持。有時連搭火車的時間都不錯過，一上車就對著乘客演講，也常常博得很多掌聲。

△謝常彰在大城路旁開講（謝常彰提供）。

難得的是，謝常彰的演講一如他的科學訓練，內容紮實，有憑有據。問他什麼時候開始研究這些非他本行的台灣史？「我是從1971年台灣退出聯合國之後，開始深感有必要深入研究：為什麼聯合國這個國際組織會把台灣立即逐出？絕對是這個政府隱瞞了我們什麼事。」就這樣一頭鑽進台灣近代史與國際關係的研究。

這次自辦二二八紀念活動是他靠著個人之力舉辦的第二次，上一次是10年前的六十週年紀念，他事先完全沒有宣傳，竟也來了20多人。這一次他拜託一位在地的媒體朋友，加上自己事先打了好幾通電話，還騎著腳踏車在鎮內宣傳，預估約有50人會去聽講。

他很認真準備資料，除了平日鑽研的國際局勢之外，也會談〈北斗二二八與北斗暴動〉，很多北斗人一定不知道，原來早在1946年秋，溪湖糖廠即向簽約的埤頭佃農表明將收回土地雇工自做，導致佃農唯恐失去工作起而抗爭，糖廠竟賄賂轄區的北斗區

警察所所長楊其秀，楊其秀乃趁夜間開消防車去「修理」不馴的佃農，又向佃農收「保護費」，甚至誣指佃農為共產黨……。

這一連串的欺壓人民行徑，到了二二八事件發生，終於星火燎原，一發不可收拾，引發「北斗暴動」，其餘許多精彩的故事，就請有興趣的朋友屆時前去聽謝常彰開講囉。

一個長年旅居美國的人士，可以獨自一人每年以兩個月的時間回到故鄉，和故鄉人談國家的前途、談台灣的歷史與未來國家的發展走向；光是看他自辦的二二八七十週年紀念活動所準備的內容，都遠比彰化縣政府動用政府預算委外辦理的紀念活動，來得更具意義，為政者能不感到於心有愧乎？

（原載2017.3.2.民報）

那幽暗角落的泣聲
——憶阮美姝女士

　　阮美姝，那位說話輕聲細語，氣質高雅的女士，做起事來卻是堅定不移，不辭辛苦，窮追不捨，非找到真相絕不罷休的可敬前輩走了，令人既不捨又感慨。

80年代出版的《1947台灣二二八革命》

　　我回想起1993年，立法院內政委員會審查《二二八事件賠償條例》時，那時當立委的我，每次都一定到，而且逐條登記發言。因為我在1984年還是黑名單無法返台時，在美國和王秋森教授及另一位旅美同鄉李賢群，合著《1947台灣二二八革命》一書，由李賢群到史丹佛大學東亞圖書館影印很多相關資料回來，三人分工撰寫。

　　那時有不少二二八受難家屬離開傷心地台灣故鄉，避居並長住海外如美國、日本、巴西等地。我曾訪問幾位家屬，加上影印回來的資料當時在台灣都是禁忌，根本沒有人看過，我們那本書算是二二八事件過後三十多年，第一本比較有系統整理的專書。我突破黑名單回台後，再由前衛出版社重印發行，現已絕版。我們又增加美國官方解密文件中譯內容，另行再版。

　　因為有這層關係，二二八事件的前因後果，我應是當時所有立委中最清楚的人。我針對草案逐條發言，強調一定要追懲元兇，而且要比照戰犯，究責沒有追訴時效的限制。我的發言把國民黨籍立委急壞了，他們原本只想應付了事，卻不料遇到我逐條發言，條條有見地，時間一拖再拖，最後以多數暴力強行送聯席會議。

　　當時在可以開放旁聽的審查會中，許多二二八受難家屬都會前來旁聽，我就是在那時認識阮美姝女士的。每次提起父親不明不白的死去，她的臉上明明是溫柔的微笑，但你總是可以看到她微笑背

後的深刻憂愁。

她的父親阮朝日是屏東望族，二二八前後都臥病在家沒出門的父親，被捕時擔任《台灣新生報》總經理。她是父親的掌上明珠，和父親的感情很好。那時她剛出嫁不久回娘家探望家人，卻當場遇到幾個穿中山裝拿槍的軍人把父親從病榻上拖走，從此失蹤下落不明，很久之後才輾轉得知父親已被國民黨殺害，她無法接受，因此，窮其一生都在追尋父親的下落與死因。

在一大群受難家屬中，有些人出於誤會，對她並不是很認同，有人私下對我說：「阮美姝每次都只談她父親，只關心她自己的事。」

其實她不是，她寫了好幾本書，著名的如《幽暗角落的泣聲》，後來越來越投入探尋二二八真相以及對於慘案的記錄。

雨港二二八：被鐵絲刺穿手掌集體虐殺的慘狀

譬如在1993年9月間，一位二二八受難者林木杞先生到我的國會研究室陳情。我和幾位助理聽他訴說他在二二八的遭遇，他邊說邊出示雙手手掌及雙腳距足踝上方約10公分處，都有不規則的疤痕。

他說，事件發生時，他走在路上，突然就被軍隊抓走，和其他人被以鐵絲穿過雙手手掌心及雙腳小腿，10人串成一串（阮美姝訪問時，他說是9人一串），全部被趕到海岸邊後集體以槍擊斃。他因為身材瘦小，又被串在最後一個，前面已被打死的同伴屍體把他壓住。劊子手大肆殺戮後不久即離去，他等到四顧無人時，才慢慢掙脫鐵絲，得以死裡逃生，留下四肢被鐵絲貫穿的非人道傷痕作為歷史見證。

如果不是林木杞坐在我面前，展示他身上的傷痕，我是無論如何不相信會有這麼殘暴的「祖國軍隊」屠殺他們口中「台灣同胞」的。我把這事告訴阮美姝，她不久即去基隆訪問林木杞，並錄影存

證。那時我還不知道，她其實做了很多受難者及家屬的口訪，為二二八事件留下珍貴的史料與國民黨殘殺台灣人的第一手證據。

《二二八賠償條例》草案後來被國民黨立委以多數席次的優勢一再更改，例如由原先的「賠償」改為「補償」，我堅決反對，認為那是對受難者及家屬的二度傷害，雖然只有一字之差，意義差太多，結果仍是寡不敵眾。但許多受難家屬們都看到我的努力，彼此成為好友。

陳少廷與阮美姝，原來有親族關係

阮美姝出身屏東林邊的書香世家，家族幾代以來都是地方上的意見領袖。我近年在做二戰前後的口述歷史訪問時，才得知前台大教授陳少廷的嬸嬸陳阮仁勉女士，和阮美姝女士是堂姐妹。陳阮女士的父親阮朝倫，日治時期擔任林邊信用組合監事、自治改正後第一屆庄協議會員、高雄州青果組合代議員、評議員等職。戰後出任林邊鄉副鄉長及間接選舉第一任鄉長、調解委員等職。阮朝日是阮朝倫的二弟。

根據陳阮仁勉女士的口述，阮朝倫在二二八時也被抓去打到全身烏青。陳阮仁勉聽到消息趕回娘家探視時，父親還躺在病床上，無法下床走路。只是，比起阮朝日的遭遇，已經好太多，慶幸還得以存活下來。

我也是在採訪時才知道，原來彰化和美的阮家，和屏東阮家都屬同源，曾任彰化縣長的阮剛猛家族早年也會定期回屏東和家族相聚。

後來國民黨對二二八及清鄉後倖存的地方士紳，改採懷柔政策，陳家和阮家都成為選舉時的地方派系，家族人士為了自保以及減少不必要的騷擾，也多派人參選，造成留在鄉里的，形成不得不和國民黨妥協的地方派系。但離鄉北上的如阮美姝、陳少廷，終其一生拒絕和國民黨和解。

所以說，民進黨逐漸壯大之後，有些地方派系倒戈支持民進黨，也是很自然的事。這麼多曾遭受國民黨迫害的史實，多少人期待轉型正義早日進行，想不到民進黨最近不知道什麼原因，對時代力量促轉條例的提案「消極以對」，讓人不禁要問：那幽暗角落的泣聲，何時才能破涕為笑呢？

（原載2016.12.4.民報）

大同鐵工廠的白色恐怖老故事

　　從田中火車站往田中鎮最熱鬧的中州路前進，大約20公尺處，左邊一棟街屋前懸掛著一塊「大同鐵工廠」的招牌。工廠早在二十年前即已停工，招牌卻依然高高懸掛，彷彿在提醒老田中人，這裡曾發生過的白色恐怖老故事。

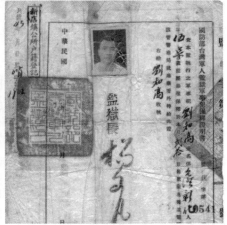

△57年前的白色恐怖受難家屬，為了要去探監，特地拍了一幀沒有男主人的全家福。百年前劉知高所創的鐵工廠設備，兒子至今保留，鐵工廠的招牌及設備，靜靜的訴說當年恐怖的過往。

如果大同鐵工廠繼續營業，到今年剛好一百年。百年前這家鐵工廠可是與眾不同的「西鐵」，以往台灣一般的鐵工廠就是所謂的「打鐵仔店」，這家卻是完全師法日本的機械與工法，是極少數由台灣人經營的「西鐵」，也就是日本完全師法西方國家設置的鋼鐵工廠。

工廠的創始人劉知高原是社頭鄉人，5歲喪父，母親帶著他再嫁到二水，9歲時他就想自立更生，剛好阿里山森林鐵路正在興建，他一個人跑到阿里山做工兼學修火車，鐵路工程所有師傅都是日本人，他從日本人那裡學得一切鐵工技術，算是第一個台灣人的「西鐵」師傅，於1916年回到本籍地彰化縣，並選擇在田中火車站附近開設鐵工廠。

由於是只此一家，別無分號，田中附近很多工廠，包括火車機車（火車頭）、消防隊、二水鳳梨公司、溪州製糖會社機械維修等，都要靠他，生意做得非常成功。即便在二戰末期，日本人實施「金（屬）供出」，強迫各家戶中所有金屬類物品全部提供給政府，許多鐵工廠也被迫成為戰時徵用工廠，全員林郡就只剩下大同鐵工廠及員林另一家鐵工廠未被政府徵用，因為劉知高的工廠仍須擔負起包括台鐵，及溪州製糖會社等大工廠的機器維修任務。據他的兒子劉明華說，那時田中國小駐紮有部隊，部隊所需的武器維修等，都由部隊派員到他家工廠借用機器設備工作。

劉知高為人大方，在地方上人緣很好。戰後生意還是很好。令人意想不到的是，只因為他一位舊識來訪，這位舊識後來被以參加謝雪紅逃到中國後成立的「台灣民主自治同盟」罪名逮捕，被捕後供出曾到過他家一次，劉知高因而以「明知為匪諜而不告密檢舉」被捕，被依懲治叛亂條例判刑六年。

離譜的是，判決書中所謂的匪諜來訪只有一次，所謂的罪狀只是被告陳述「開會討論三七五減租反對富農地主」，所有判決書中的事實及理由全憑保安司令部軍法官自行杜撰，並無任何具體證

街頭與牢籠之間——台灣民主化的無名英雄

32

據。所依據的法源「懲治叛亂條例」是於1949年5月24日立法院三讀通過，判決書中所指的「事實」發生在1949年2月，「懲治叛亂條例」還沒誕生，軍法官卻仍據以判刑。

劉知高在1951年被捕，劉明華唸高二，剛好是期考的第一天。父親被捕後，他就不再上學。家中因為沒什麼親戚，母親一人帶著七個兄弟，大哥那時正罹患開放性肺結核，整天躺在家中不能動也不能言語；所幸二哥已能接掌鐵工廠的工作，讓家中經濟來源不致中斷，劉明華是老三，幾個兄弟同心協力度過難關。

最可憐的是母親，一下子老了幾十歲，為了營救丈夫四處請託，許多穿梭於軍法處及受難者家屬之間的「捐客」，經常利用告知家屬受難者被關在何處、何時可以面會、如何打通關節以求輕判、如何辦理保釋⋯⋯，取得來自家屬的巨額費用。據劉明華的印象，母親為了營救父親，所花費的錢約合現在幣值二億以上的巨款！

再加上當時田中鎮長蕭鴻和劉知高是換帖兄弟，為了證明清白，由鎮長出面，全鎮各里里長具名蓋章提出陳情書，才終於得以讓劉知高保釋出獄，總共被關了三年多。

劉明華回憶說，有一次母親帶他北上探監，母親身上帶著六百塊，臨上火車前，母親另把三百元塞在劉明華的口袋裡。到台北下了火車之後，母親身上的六百元被扒手扒走了，所幸還有他身上的三百元，才得以去看父親。「你看國民黨剛來時，台灣治安有多壞！」劉明華提到這些陳年老事，還是一肚子氣。

劉知高保釋回家後，整個人變得非常沉默，抑鬱寡歡，出獄不到十年即過世，終其一生絕口不提被捕後遭受到什麼樣的對待。全家則始終活在恐懼中，尤其警察經常三更半夜闖進家裡，荷槍實彈，以手電筒強光照射，喝令全家起床在床邊排排站，接受點名檢查，最是讓他至今回想起來憤恨難平。

所幸他們兄弟因為有鐵工廠的經驗，後來都能各自打出一片

天，例如最早田中的維力麵設廠的機械，也是由劉明華安裝的，設廠的動機是劉明華的弟弟由日本帶回一些泡麵，維力麵據以製造出一人份一包的小包裝，當時比維力麵早一年設廠的生力麵還是五人份一個包裝。

剛開始因為完全模仿日本的口味，不太符合台灣人的胃口，是創辦人兄弟中有一位突然想起，因為台灣人喜歡吃油蔥口味的麵，於是自行研發出符合台灣人喜愛的油蔥泡麵，讓維力麵一舉成名，至今他們的油蔥酥依舊是熱賣商品。不過，因為時日已久，維力麵也幾經人事易動，恐怕目前的經營者都不知道這些早年的小趣事。

劉知高的受難，讓他的兒子們更加發奮上進，各個都有成就，有一年田中鎮公所決定推舉他們的母親劉陳漢玉成為模範母親，想不到資料送到田中派出所，竟被所長以政治犯家庭為由取消掉了，成為他們兄弟另一項難以彌補的遺憾。

雖然後來「戒嚴時期不當叛亂暨匪諜審判案件補償條例」通過，父親早已長眠多年，全家因為這事件所遭受的身心打擊，更非金錢所能彌補，兄弟中有的家境較好的，把領得的補償金又回捐給政治受難者協會。劉明華則把父親創辦的鐵工廠招牌留著，父親最早安裝在家中樑上的「西鐵」機具，至今也還保留，甚至還能使用，他想找個適當處所捐出，作為對父親的永遠回憶。

（原載2016.6.19.民報）

彰化史上
最暴力的二二八和平日遊行

　　它不但是彰化史上最暴力，更是台灣史上為平反二二八的多場環島遊行中，群眾被打得最慘的一次。打人的是彰化縣的便衣警察與在地流氓，警備總部人員坐鎮指揮，保四總隊的巢穴就在八卦山上，這麼多情治單位人員要對付手無寸鐵的民眾，簡直易如反掌。

　　1987年3月7日，由鄭南榕、陳永興、李勝雄等發起的「二二八和平日促進會」，在全島遊行活動中，排定這一天在彰化市區遊行，晚上在平和國小演講。

　　彰化地區主要聯絡單位為立法委員許榮淑及國大代表翁金珠聯合服務處。服務處主任陳明秋事先獲悉警方會採取強制驅離的動作，他向警方回嗆：誰敢動他一根毫毛，他一定和他們沒完沒了。陳明秋體格粗壯，江湖味十足，警方果真不敢動他。

▽宋隆泉拍攝 1987 年台灣史上第一次為平反二二八事件的遊行活動，2017 年二二八前後在北斗郡守官舍展出。圖為當年參與者楊文彬特地前去觀賞憶當年。

彰化的許多志工紛紛準備各項遊行道具,有人準備布條,有的準備彰化特產菊花,一位吳金木老先生以保麗龍製作一個「二二八先賢烈士靈位」,前國代楊文彬準備幾束香,下午在彰化縣政府前廣場集合。

依照原先計畫,眾人先在縣府前向二二八靈位祭拜後,開始在市區遊行,晚上在平和國小演講。

「我們才開始擺好靈位,點幾支香傳給前來的人士祭拜時,突然間,由廣場前的中山路上,以及縣府地下停車場出口處(彼時地下停車場出口處在縣府大門靠中山路,現已封填堵死),湧出一大群鎮暴警察及便衣人員,開始把我們團團圍住,接著不分男女,見人就打,有的用警棍,有的揮拳猛K。我們的人不是拿香就是拿菊花,根本沒有還手的餘力,而且來得太突然,在警方圍起來的封鎖圈裡,他們就像『甕中取鱉』,每個人都被打得頭破血流。」楊文彬說。

「那些打人的便衣及流氓,各個都是彪形大漢,人數是我們的好幾倍,我們只能任他們痛毆。我的肩膀被打了好幾下,我回過頭看打我的人是誰,那人突然說:『是你喔』,就不再打我,反而把和我同行的顏佳信打得更凶。顏佳信比我高大,被打到全身癱軟躺在地上,我費盡力氣拉著他趕緊逃到縣府大門前的台階,他卻連踏上台階的力氣都沒有,全身都是傷,頭破血流。」回憶起30年前的往事,楊文彬依舊滿心的難過與不捨。

陳明秋則站在蔣介石銅像(現已移除)旁的包圍圈外,痛斥警方的暴力行為。前來聲援的台中市黨部主委陳博文,在每場活動都拍了很多照片,事隔好幾年後陳博文碰到他時說:「你哪來的膽子?那麼多便衣圍毆我們的人時,你竟敢站在他們面前幹譙他們。」

「那時還是戒嚴時期,別說警總,警察就很囂張。據我所知,警方打人會挑選對象,那次台中來的,如黃山貞、賴志川、排骨等

人被打得最慘，戴振耀為了趕來參加遊行，上午急著噴農藥未作好防護，到現場因農藥中毒被送到彰基掛急診。」不過，也因為陳明秋安然無恙，一度還被同志懷疑是「抓耙仔」。

30年前的往事，當年勇敢上街頭被打得半死的伙伴們，擦乾鮮血，當警方突擊隊退場後立刻重整旗鼓，衝破封鎖線，照原定計畫在市區遊行後，晚上在平和國小演講，全天活動結束後，大家各自回家療傷，好多人不敢告訴家人被打的事，偷偷去買傷藥來敷，很多人說，痛了好幾個月才漸漸恢復，後遺症卻遺留至今，那身體的傷痛，是台灣人光榮的印記。

彰化警方公然勾結地方黑道對待反對運動人士的強悍態度，一直持續到1992年謝聰敏回故鄉二林參選國大代表，仍沿用一貫手法，謝聰敏在競選期間被對手打到頭破血流，民進黨人聞訊後前去聲援時，黑道公然嗆聲說：「誰敢進入二林，一定讓他直著進來，橫著出去！」很多民進黨人士不畏恐嚇前往聲援，逼得警方只好加派警力保護，警察對待異議人士的囂張態度才漸漸改善。但彰化是「黑道大縣」之名早已不脛而走。

彰化縣文化局此刻正在北斗郡守官舍展出許多30年前的照片，雖然只在週六及週日兩天開放，楊文彬還是特地前往參觀，照片中年輕青澀的臉龐而今布滿滄桑，許多人早已作古，鄭南榕和詹益樺也已為台灣殉道。楊文彬無限感慨，他努力回想當年一起在街頭被打的伙伴的名字：「我想得起來的有：鄭南榕、詹益樺、張溫鷹、陳永興、賈馨儀、翁金珠、劉峰松、林宗正、蔡敏卿、張永鑑、吳仲輝、陳明秋、沈慶耀、顏佳信、張豐猷、李其水、陳昭福、吳金木、黃俊茂、楊文彬……等人。再久都要記住這些早年無私打拼的伙伴們的名字啊。」

37

消失的彰化人二二八記憶

　　今年是二二八事件70週年，也是二二八禁忌解禁30週年。大約一個月前，我看各地早已開始舉辦各項二二八紀念活動，唯獨彰化縣政府毫無動靜，忍不住到縣長信箱提問。

　　幾天後縣長信箱答覆說，預定在彰化市的原住民生活館舉辦；又過了幾天，彰化縣文化局搶在北斗郡守官舍舉辦一項「民主風雷－二二八事件70週年人權影像裝置藝術展」；20日民政處承辦人來電告知，縣長決定在鹿港文武廟舉辦紀念儀式，將邀請受難者及家屬等多人參加，內容主要以音樂會形式，穿插默哀靜思、受難者及家屬致詞等。

　　從毫無動靜到連辦兩場，看起來也並非壞事，畢竟二二八事件真相至今絕大部分被掩蓋到歷史的灰燼裡，多辦幾場或許能讓更多人注意這件影響台灣近代史最大的悲劇，轉型正義也才不致於淪為口號。

　　彰化縣是極少數尚未設置二二八紀念碑的縣，我在做口述歷史訪問時，多數耆老並沒有如基隆、嘉義、高雄等地無差別大屠殺的恐怖印象。

　　倒是彰化高中的呂興忠老師，經由一位不願曝光的Y先生和另一位許先生，提供大批二二八事件及其後的清鄉時期原始檔案，呂老師說他們是從舊貨商、從紙漿廠、從各種可能的管道救回了那一大批警察檔案。管道之一包括長官下令銷毀時，下屬偷偷帶回家珍藏，死後下一代整理時發現後捐出來的。這些應是全台僅存保留最多的原始檔案。

　　檔案中以彰化市及員林兩地的資料最多，原因是當時彰化市屬省轄市，員林則是台中縣政府所在地，都是中部重要的行政中心。

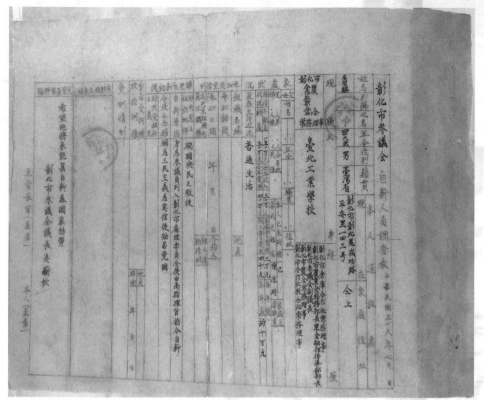

△翻拍自呂興忠《彰化二二八事件檔案彙編》。

　　呂老師也曾帶領他的團隊，進行彰化縣二二八事件當事人或其後代的口述歷史訪談，從2002年至2003年兩年間，共訪問了設籍彰化縣的二二八受難者或其家屬、事件領導人或其家屬、當時的士紳參議員或其家屬、目擊見證者等，總計拜訪超過百位口述人，已整理並獲口述人同意出版有10人、整理完成仍需取得口述人同意發表有32人。

訪談受難家屬協助補償　當事人以為又要被抓

　　過程中他發現，很多受訪者心中的恐懼始終揮之不去，例如田中有一位王永富先生，當鎮公所經由呂老師的訪談，想協助他申請補償，他卻以為又要被抓而矢口否認，經一再說明後他才流著眼淚在家人面前掀開他的背部，當年被刑求留下的槍刀傷痕依然歷歷。

而他的妻子在此之前完全不知道先生有這段受難過程。

當事人不願提起，除了不想回首那段不堪歲月，也不願給後代添麻煩，許多史實就此永遠難見天日。加上受難者中很多年輕未婚無嗣，家人不敢也不願提及，他們的受難事蹟就此永遠消失。

彰化縣有這麼多全國唯一保留的原始檔案，加上二二八事件中，少數看清國民黨真面目而主張以武力對抗的領導者，例如台中的謝雪紅、楊克煌；帶領民兵攻打虎尾機場的陳篡地，都是彰化人。有他們的武力反抗，是迫使國軍必需步步提防，以致不敢見人就殺，讓中部的死傷減少很多；溪湖的林才壽也應學生兵吳榮興（後來被國民黨送到南京受訓，回台後擔任過彰化縣長）的要求，帶隊到台中支援謝雪紅，這些人的勇敢行動，以及因而受到的苦難遭遇，都是彰化人應該謹記不忘的英雄事蹟。

那麼多人的犧牲，那麼多人的勇敢付出，難道這些可歌可泣的故事，不值得縣府為他們立碑致敬嗎？

兩個月前縣議會正式通過議員提案，請縣府擇適當地點建立紀念碑，結果或許是縣議員們認為文化局長辯才無礙，質詢時都找文化局，文化局長也在議會對答如流；等到提案送到縣府之後，文化局和民政處開始互踢皮球，目前公文還在旅行，等待上級裁示究竟交給哪個單位主辦中。

花錢辦活動很簡單，政府出錢委外辦理大家皆大歡喜；要蓋紀念碑比較麻煩，大家互推不肯承辦，相較於70年前那些受難先輩的勇往直前，為官的爺們不覺得於心有愧嗎？

雖然政府在7年前正式成立「二二八國家紀念館」，並委由「財團法人二二八事件紀念基金會」經營，然而，一如旅美中國人作家余杰所說，該基金會以「委託行政」的方式運作，董事會由政府代表、學者、社會公正人士以及受難者家屬代表組成。這種組成模式，使政府成為「後臺老闆」，以一雙看不見的手干預追索歷史真相的努力。

從搶救下來文件拼湊原貌　加害者與真相仍難明

　　這真是一針見血的結論。許多人一定還記得，1988年的行政院長俞國華說得最直白：「民族與民族之間的紛爭自古便有。當年滿洲人入關殺了很多漢人，滿洲皇帝也未向漢人道歉。」因此直到今天，二二八事件依舊只有被害者，官方從不肯公布加害者，甚至找出從中獲利者（出賣台灣人以換取高官厚祿者），二二八事件的真相事實上至今未明，也還有許許多多的沉冤待雪。

　　今年起號稱本土政黨的民進黨全面執政，看起來今年的二二八雖然很多活動，依舊未曾探究問題的核心，成為一件沒有加害者，甚至眾所皆知的加害者蔣介石銅像依舊聳立在全國各地的機關、學校明顯處，歷史課本還把他當成「民族救星」！這樣的認知錯亂，要叫年輕一代如何正確認識我們的歷史？

　　也因為中央政府的避重就輕，加上二二八事件的殺戮戰場遍布全台，各地方都有各自的故事，地方政府更有必要立碑並設立紀念館，努力蒐集史料，編撰國民中小學歷史教材，並讓它成為每位學生在學中至少應前去一次的戶外教學場所，更應籍由舉辦各項活動，例如讓學生進行田野調查，或比照日本原爆紀念公園摺紙鶴等各項活動，以及拆除二二八元兇蔣介石銅像等，二二八先烈的鮮血才不致白流，轉型正義也才能落實。

（原載2017.2.21.民報）

古坑鄉的 3 處二二八紀念點

二二八事件在台灣解禁30年來，許多二二八的史實逐漸被挖掘出來，各地的二二八紀念碑或紀念公園紛紛設立，未來還會持續增加。

其中最特別的是雲林縣的古坑鄉，一個鄉裡面，就有一座紀念碑、一個二二八墓園，還有一處雲林縣二二八紀念公園。

△古坑「崎坪坵示範公墓」的「記憶‧希望‧愛的二二八墓園」。

以死傷人數或戰鬥的激烈程度而言，雲林縣不會比嘉義、基隆及高雄等地慘烈，但大多數地區如基隆、宜蘭、花蓮等地靠海，多數受難者直接被丟入大海，無處收屍也無從統計人數；台北市、台中及高雄等地的無差別屠殺，則因為屬人口稠密的都市，不是草草掩埋，就是由家屬私下塞紅包領回安葬，或是由善心人士偷偷予以收屍供奉，大抵很快就被處理掉。

只有古坑鄉，因為地處雲林縣最東邊，和南投及嘉義兩縣交界。1895年乙未抗日戰爭民兵在八卦山戰役慘敗後，以柯鐵虎為首的游擊隊即以古坑山區的「鐵國山」為根據地，和擁有現代化裝備的日軍對抗6年之久，可見該地的自然條件是最佳游擊戰基地。

二二八事件中，除了台中的二七部隊採取武裝對抗之外，雲林方面由出身彰化二水的斗六名醫陳篡地領軍，串連嘉義等地學生兵與民兵及阿里山的原住民，奮力保衛鄉土。國軍派兵鎮壓後，民兵打算退守嘉義山區，卻在古坑和梅山交界處的崁腳一帶遭到國軍襲擊，並就地掩埋，因該處旁邊就是墓仔埔，地主唯恐被任意占用、造墳，特別以3塊石頭在掩埋處做記號，以為辯識。

財團法人二二八事件紀念基金會得知此事後，經過一番調查訪問，於1997年11月會同古坑鄉公所挖掘，共挖出13具零碎不全遺骸，還挖出鋼盔、槍彈、飯盒等遺物及一些牛骨（國軍射殺時，正好有一位古坑在地農民牽牛路過也被殺死，農民家屬自行領回安葬，牛隻就陪著烈士一起埋骨溪畔半世紀）。

據前梅山鄉農會總幹事吳則叡在接受口訪時表示，發生地在距今國軍第七訓練中心不遠的「崁腳橋」附近，那時還沒有橋，三月初，有來自斗南、朴子及北港等地的民兵，分乘3部車要過河，他們先在溪底鋪石頭，第1部已經開過梅山這頭，第2部拋錨，大家去推車，就在推的過程中，等候在崁頂的國軍開始掃射，事後統計，全團共有46人死亡，其中有的是被綁在樹上刺死的。後來被以5人1坑，就地掩埋，所以那個地方傳說鬧鬼。

再根據10年前陪同挖掘的前古坑鄉長林慧如表示，因為時日太久，挖掘出來的殘骸究竟有幾具？身分誰屬？已經難以辯識，只有受難家屬張秋梧女士根據目擊者口述及小時候家人的描述，堅信他的父親就是埋骨於此，此外，古坑鄉公所雖經公告，仍舊無人認領，因而由二二八基金會出資，古坑鄉公所承辦，於2000年11月在埋骨處，設立「古坑二二八紀念碑」。

林慧如是前520農民運動總指揮林國華的女兒，政大畢業不久，鄭南榕自焚前後那一陣子都在鄭南榕的時代雜誌社幫忙，她是相當堅持理想堅守原則的政治人物，非常重視這件二二八史上保存最完整事件現場的發現，原本打算在發生地建立更正式的紀念公園，卻因土地取得問題，轉而在知名的古坑綠色隧道旁現址興建「雲林縣二二八紀念公園」，並在以「二二八」為發想的紀念碑下面，設立「二二八紀念館」，把當年戰士們的鋼盔、槍彈等文物置於館內展示，可惜因囿於人力及經費考量，每年只在二二八當天開館展示，其他時間大門深鎖，無法供人進入憑弔。

遺骸部分為表達敬意，特別在鄉裡的「崎坪坵示範公墓」，建了一個「記憶‧希望‧愛的二二八墓園」，把挖出的骨骸連同「陪葬」的牛骨，一併遷葬至此，公所每天都會有人為他們上香祭拜。

以一個地處偏遠的古坑鄉，由於鄉長的重視，可以同時設有3處二二八紀念地，反倒是當年帶領民兵的「首謀」陳篡地的故鄉彰化縣，至今沒有任何二二八紀念碑或紀念公園的設置，可見地方政府的重視與否，差別有多大。

林慧如說，二二八是台灣近代史上最重大的事件，七十年來，中央政府從未積極處理，以她經辦這3處紀念地的經驗為例，絕大多數的經費是由財團法人二二八事件紀念基金會支付，基金會畢竟是當年為了發放補償金而成立的人民團體，經費有限，人力不足，政府放任這麼重大的歷史事件一切善後處理事宜不管，不但基金會做起來相當吃力，地方政府在配合上也感到力有未逮。

△古坑崁腳發現遺骸處設立的第一個紀念碑。

△受難英雄烈士之香位。

△位於古坑知名景點綠色隧道旁的「雲林縣二二八紀念公園」。

　　雖然事隔70年，二二八的史實探尋才剛起步，很多倖存的受難者至今不願回首，也不想把痛苦轉嫁給下一代，因此，二二八事件及接下來的戒嚴與清鄉連坐等措施中，究竟有多少人受害至今成謎，時間越久，事實的探究越是困難，但至少在70年後的今天，從諸多解密文件中已經可以確定元兇是蔣介石，而蔣銅像卻還屹立於每所學校校園、公共場所與政府機關大門口；首都市中心有一座偌大的紀念堂；課本上還要尊稱他為「先總統蔣公」，如此錯亂的歷史認知，要如何讓學生獲得正確的史觀？如何教導學生是非與善惡的分辯？

　　我們看連發生於1975~1979年高棉的赤柬大屠殺，高棉政府都把當年集中營改為博物館，以警惕來者；日本兩處原子彈爆炸地也都成立國家級的紀念館，持續整理資料、比對當年的戶籍及地籍資料，逐一找出罹難者人數及姓名等資料以為紀念，每年並定期舉辦各項追思等活動，也是各級學校學生必去的校外學習場所……。這些都要透過國家的力量，才有可能做到，這也是國家應該盡全力去做的重要轉型正義事項吧，如果捨此而不為，那麼所謂中樞紀念二二八活動，終究還是和前朝一樣，只是虛情假義做個樣子，不但對不起二二八死難者，也對不起後代子孫。

（原載2017.2.11.民報）

海外二二八
受難家屬的「傳承之旅」

　　今年是二二八事件70週年，國內各相關單位紛紛展開各項紀念活動，海外受難家屬回台人數今年也破紀錄，有28位專程由美國巴西等地回國，紀念他們親人受難的慘痛事件。

　　在所有受難家屬中，最年輕的是前宜蘭醫院院長郭章垣的女兒郭勝華。她是郭章垣的遺腹女，也是父母唯一的女兒。郭章垣是因為當時霍亂流行，為防止疫情擴大，他主張加強查緝由廈門來的走私漁船，因擋人財路又得罪中國來接收的官派市長，被誘殺於頭城媽祖廟埕，郭勝華說父親被殺的過程是「無審、無判、綁架、謀殺、滅屍」。

　　據宜蘭在地人的說法，郭章垣雖然被推為「二二八事件處理委員會」主席，但他多半在醫院照顧病患，並沒有參加太多次會議。三月初得知國軍登陸時，有人勸他暫時離開避鋒頭，卻因妻子懷孕而作罷，軍警是在他由鄉下回家的晚上強行破窗抓人，不久即被載去填海，車子開到頭城後，因通往海邊的橋斷了，臨時轉而載到頭城媽祖廟前射殺。

　　另一位是出生才32天，父親就被彭孟緝的軍隊射殺的王文宏。兩人都已經70歲了，因此，近年來很多受難家屬和台北市長柯文哲一樣，都已經是第三代了。

　　「我們之中很多人其實都抱著可能是最後一次的心情，回來參加今年的活動的。」擔任返鄉團團長的王文宏說。

　　因為家屬年紀都大，今年回得來，明年不知能否成行，所以他想辦個不一樣的追思活動，他想起陳水扁選總統時那場牽手護台灣的壯舉，原本想辦個海外家屬騎自行車環島，並到各地二二八紀念碑祭拜的活動。

他在去年九月間興沖沖回台，去找二二八基金會等相關單位及人員商量，最後找到僑務委員會副委員長田秋堇，田秋堇很樂於協助，同時提醒他說，團員中年長者居多，自行車環島的挑戰性會不會太高？他才改變主意，雙方協商結果，改為由僑委會安排一部遊覽車，以8天的時間，到各地的二二八紀念碑獻花致祭，只是全台統計有超過23處以上的紀念碑或紀念公園，8天的時間無法全部走完，只能選擇重點前去祭拜。

既是僑委會的安排，難免會穿插一些拜會活動，例如拜會司法院、立法院及行政院，並安排晉見總統等，也會參加「二二八70週年中樞紀念儀式」及追悼音樂會等。當然，林義雄母親及女兒的墓園、景美人權園區都是必去的行程。

出身彰化鹿港在台北行醫的施江南，遭遇和郭章垣類似，他是在病榻中被拖出去後，從此行蹤不明。他有4個女兒都住在國外，這次難得姐妹一起回台隨團活動。

更特別的是，施江南是鹿港望族，4兄弟分別名為江東、江西、江南、江北，其中有3位是醫師，老四江北畢業於東京帝大法科，兄弟都熱衷於公共事務，日本戰敗後，他們積極參與協助因戰爭流落海外的台灣人返鄉事務，不幸在二二八事件中施家三兄弟都受到波及，施家轉趨低調，有的傷心遠走他鄉。

10年前施家在整建祖墳過程中，經國史館台灣文獻館及相關人士的遊說之下，施江南遺孀及後代同意在鹿港施家墓園，設置「第七代江南公二二八罹難紀念碑」，但施家依然低調，連這次回台的施江南女兒們，也未曾提及此事，行程並未安排到彰化縣。這或許是唯一私人設置的紀念碑，也稍稍彌補彰化縣沒有設立二二八紀念碑的遺憾。

王文宏為了籌備這次的行程，近日提前返台，四處拜會相關人士，唯一的要求是，希望返鄉團所到之處，能有在地的受難家屬或是關心人士能陪同他們，一起向二二八犧牲的人士獻上一朵花，把

台灣人對二二八事件的歷史教訓世代傳承下去，這就是命名為「傳承之旅」的意義。

　　他也特地到彰化溪湖，拜會二二八事件中差點被判死刑的林才壽先生。林才壽因為逃亡期間感受到無數二二八死難的無名人士魂魄無所依歸之苦，領到補償金後，在自家旁邊以鐵皮搭建一間屋子，裡面供奉二二八事件中的義民神位，每天祭拜，王文宏有感於林才壽對那些無名英靈的心意，特地前往祭拜，並邀請林才壽重回台中，紀念那場70年前他帶著溪湖自衛隊隊員前往支援的事件。

　　看到70歲的受難家屬王文宏、91歲的受難者林才壽，都還在為紀念二二八事件奔走，令人於心不忍；而事隔70年，號稱全面執政的本土政黨，如果還不敢根據史實公布元兇，不但對不起那些受難者、對歷史難以交待，更別奢談推動什麼轉型正義了。

（原載2017.2.10.民報）

▽王文宏和林才壽合攝於林才壽的二二八恭祭協會，背後牌位是林才壽自費設立，祭祀二二八事件中失去生命的無名人士。

《1947 台灣二二八革命》 的鑿光故事

　　國史館館長吳密察在推薦序中說它的作者是「黎明前夕的鑿光人」，因為這本《1947台灣二二八革命》初版於1984年（當時二二八在台灣是禁忌），5年後作者之一陳婉真突破黑名單返台後積極與前衛出版社協商，於1990年二二八當天再版；去年（2016年）陳婉真應邀到美國洛杉磯參加二二八紀念活動，3位作者再度相聚，並決定由旅美學人李堅加上美國官方解密文件，於今年二二八70週年發行第三版。

　　台灣方面，最早推動二二八事件解密的活動，始於1987年，由陳永興、鄭南榕與李勝雄發起的「二二八和平日促進會」，展開全島遊行，在彰化縣政府前遭受到鎮暴警察的劇烈圍毆，是環島活動中最暴力的一場。

　　突破二二八禁忌不只在島內如此艱難，在海外要找資料也不容易。除了時任美國駐台副領事葛超智（George Henry Kerr，有人譯成柯喬治）所著的《被出賣的台灣》一書之外，就是由台共人士林木順所編的《台灣二月革命》（海外流傳的說法是該書作者實際上是蘇新與楊克煌），其他多半是國民黨官方的出版品，幾乎無法看出事件的真相。

　　曾參與「424刺蔣（經國）事件」救援工作的美國雪城大學（Syracuse University）教授王秋森（黑名單解禁後，曾返台擔任台大公共衛生學院院長），在美麗島事件後放棄教職，和陳婉真、李賢群等人成立「台灣文化公司」，有感於二二八事件史料的殘缺，決定出版這本書，並由李賢群多次赴北加州的史丹福大學東亞圖書館尋找資料。

　　在尚無網路的年代，光是由浩瀚書海中找出相關文件及媒體報

導資料，外加影印帶回南加州，就是一件很大的工程，而這些史料在台灣官方多數已被銷毀，李賢群以工程人的精密工作態度，把它逐一整理，讓事件原貌初現。隨後三人分工執筆完成這本書。

那是中文書手稿，要靠鉛字排版或中文打字機打字排版的年代，全洛杉磯地區只有一家中文打字行。手稿完成送打字的第二天，打字行老闆夫婦苦著臉把稿子拿到當時在開書店的陳婉真店裡說，他們在台灣還有親友，很抱歉這個工作他們不敢接，後來經王秋森輾轉拜託才完成排版。

書中有很多情節，是因為不少二二八受難者家屬遠離傷心地台灣，長住國外，陳婉真儘可能逐一採訪，例如高雄的王平水夫人就告訴她，先生出門時是以到「處理委員會」協調處理的心情，不但衣著整齊，也穿戴手錶、皮鞋等，先生被殺數日後兒子去收屍時，發現西裝及手錶、皮鞋都不見了。因為這些在那個年代都是稀有高貴品，士兵殺了人後，連死人身上值錢物品也一起搜刮殆盡，與強盜土匪無異。

1993年陳婉真擔任立法委員期間，立法院開始審查〈二二八事件條例草案〉（即後來立法的〈二二八事件處理及賠償條例〉），陳婉真雖不是內政委員會委員，卻是每場審查會必到，而且發言最多，因為她是所有立委中最清楚二二八事件的人。她堅持政府要道歉、懲凶，並堅決反對用「補償」替代「賠償」，因為那是在受難者及家屬傷口灑鹽，可惜未被接受（1995年通過的原條文是「補償條例」，直到2013年才改補償為賠償），卻也引起二二八受難者及家屬的注意，有相關事件就找她陳情。

基隆的林木杞，二二八事件中被以鐵絲貫穿手腳，十人一組串成一串帶到海邊槍殺未死的事情，就是因為林木杞生活困頓，聽說立法院開始審查二二八賠償條例，特地到立院請她協調相關單位，可否先把他可以領得的賠償金部分發放給他以解燃眉，陳婉真親眼目睹林木杞身上鐵絲穿透手腳的傷痕，才真的相信有這麼殘忍野蠻

的「祖國」軍隊。她告訴搜集二二八史料的阮美姝,阮美姝特地前去訪問林木杞,才能多留下一件國民黨軍殘暴殺人的真相。

　　許多受難家屬也紛紛向她陳情,指出他們以前向戶政機關申請的戶政資料被篡改,以一位陳盛妙家屬陳情案為例,早年的戶籍謄本上是登載:於1951年「因槍決在台北市死亡」,後來卻被改為「死亡」,死因「因槍決」被悄悄拿掉了,而且這個案例不只一件,陳婉真曾為此召開記者會,痛批軍警聯手篡改文書史料,企圖湮滅證據,這也是何以二二八事件死亡人數至今成謎的原因之一。

△《1947台灣二二八革命》四位作者:上圖左起陳婉真、王秋森、李賢群,下圖李堅。

這種湮滅證據的行為，由彰化縣文化局在2004年出版的《彰化縣二二八事件檔案》書中得到進一步的印證。負責編撰的彰化高中呂興忠老師在自序中說明，書中原始檔案來自一位不願曝光的Y先生和另一位許先生，他們是從舊貨商、從紙漿廠、從各種可能的管道救回了那一大批警察檔案。其實這管道之一還包括長官下令銷毀時，下屬偷偷帶回家珍藏，死後下一代整理時發現後捐出來的。

　　由於美國政府依例會定期將部分政治外交檔案解密，這一次《1947台灣二二八革命》出版前，特別商請旅美名政論家李堅，把戰後台灣如何淪為中國占領地等國際情勢，以及二二八事件期間，美國官方篩選後解密的美國外交電文，一併加入呈現，讓讀者更方便理解：七十年前發生於台灣的慘劇，誠如葛超智所言，在國際強權的權衡折衝下，終究我們是「被出賣的台灣」！

（原載2017.2.8.民報）

二水明世界的二二八掌中劇

　　電視還不普遍的年代，布袋戲幾乎是台灣全民的共同嗜好，那種廟會時大家爭相跑到戲棚下找個好位看戲，甚至爬到樹上，或鑽到後台，看一個人如何能雙手各持一個布偶，有時高高往上丟卻能不漏接，還要搭配時而男聲時而女聲的口白，一隻腳用力蹬踩地板發出碰碰聲響，有時還會有「金光強強滾」的刀光劍影……；曲終人散時，等在家門口的是老爸的籐條侍候，啊，古早時代的美好回憶。

　　位於彰化二水「明世界」掌中劇團第一代掌門人茆明福和他的夫人茆劉敏，都曾經歷過布袋戲的黃金年代，當然也歷經最慘澹的時期，而今已傳到第三代慢慢準備接班，明世界的掌中人生倏忽之間就要滿一甲子了。

　　很多人知道，雲林縣是布袋戲班最多的縣，卻很少人知道彰化縣排名第二，更少人知道明世界是全國僅見演過《二七部隊》、《陳篡地風雲錄》等二二八事件真實故事的掌中戲班。

△明世界是全國僅見演過《二七部隊》、《陳篡地風雲錄》等二二八事件真實故事的掌中戲班。

1938年出生的茆明福，13歲就到南投「新世界」掌中戲團的陳俊然拜師學藝，18歲那年以5千元向師傅買各項道具，行話叫「整籠」，自行成立「明世界」劇團。太太茆劉敏，台中人，因為母親在新舞台戲院前賣香煙及檳榔，問女兒要不要學演戲，女兒同意，學過北管，並到雲林拜黃海岱為師學布袋戲，18歲那年兩人在林內因演戲相遇，不久即在母親的安排下結婚。

　　兩人不但是同行，而且都是文武全才、唱作俱佳，「明世界」很快就聲名遠播，除了布袋戲之外，他們還經營「明樂軒」戲曲館。

　　「彰化縣是南北管最盛的縣，可惜因為政府的漠視，現在變成宜蘭號稱他們是南北管的發源地，實在可惜。」茆明福的兒子茆國聰說。「3年前我們曾經接受學者建議，向政府申請『明樂軒』北管為無形文化財，我們特別訓練了10幾位小朋友，經費由文化部、縣府及我們自己各出資1/3，結果中央補助了12萬，彰化縣文化局說沒有錢，我們自己花了40多萬，實在負擔不起，結果不了了之。」

▽明世界第一代茆明福夫婦。

△明世界第三代展示二水跑水節木偶。

「很可惜，我先生10年前因為車禍重傷，否則我們兩人對唱的效果很好。」茆劉敏回想年輕時和丈夫兩人全力打拼的時代，從下午開始演戲，晚場最是欲罷不能，經常從8:00演到11:00，吃過宵夜後觀眾不肯散去，加演到半夜2:00是常有的事。

「他當兵回來後就非常有名，不只是二水，斗六、水里、魚池、社頭……，到處演，大月演外台戲，小月就到戲院演，每一檔期10天，全盛時期前後台人員加起來約有20人。」茆劉敏說。

1996年，茆明福應邀到美國公演《武松打虎》，散場後一位台裔小朋友問他：「你們演武松打虎那麼久，那隻老虎怎麼永遠打不死？你們為什麼不演一些台灣的故事？」

小朋友一語點醒夢中人，茆明福從此決定演台灣的故事，他的布袋戲也從看電影找靈感及太太睡覺前邊想邊給他的故事情節，改為由兒子考據編寫的劇本。他們的劇本從家鄉開鑿八堡圳林先生的故事，到《彰化媽與阿罩霧》；在彰化演施九緞，到台南就演寧靖王的故事，所到之處廣受好評。

1998年，縣議員陳聰結參選連任落選後，省長宋楚瑜惜才，聘請他到省文化處任職。在陳聰結的鼓勵，以及時任文化處副處長洪孟啟的支持與經費補助下，明世界分別編寫《二七部隊》、《陳篡地風雲錄》等二二八事件劇本，曾於1999年二二八紀念日到台北市二二八和平公園演出；2000年又演出一次，原本還想寫阿里山的二二八故事，卻因改朝換代被「上面」「關心」而終止。諷刺的是當時的總統是把台北新公園改名為二二八公園的陳水扁。

陳篡地是二水鄉人，在斗六行醫，戰爭中被徵調為軍醫，日本戰敗後曾協助越共打游擊，二二八事件中，他是極少數以武力和國軍對抗的人之一，曾領導民兵攻占虎尾機場。事變過後他回到二水家鄉，躲在山腳路附近鳳梨園的地洞長達6年。

△茆明福展示年輕鍾逸人布偶。

茆國聰去訪問鍾逸人、訪問陳的家人，由於家人在陳篡地潛伏期間遭受太大傷害，有好幾位只肯在電話中受訪，卻始終不願出面。

「陳篡地的父親開武道館，師兄弟很多，他回到二水後，他的姪子陳崑崙裝瘋，每天扛著神轎在鳳梨園亂舞，又是敲鑼打鼓，其實是掩護師兄弟們為陳篡地挖地道所發出的聲音。姪女三餐送飯時，也不敢直接過去，總是故意四處繞了很久才送去給他。」這是茆國聰親自訪問陳家人的真實故事。陳崑崙後來被槍斃，茆明福的姑丈去幫陳篡地剃一次頭被關了一個星期。

雖然已經解嚴，直到九二一地震那年要上台北演出《陳篡地風雲錄》時，大家難免擔心。所幸除了前縣議員陳聰結之外，曾在二二八時擔任學生兵的退休校長賴宗寶等人也不斷鼓勵，賴宗寶還找了好幾位學術界朋友陪他們北上，說：「這是我們二水人的光榮歷史，如果要抓要關，我們全都讓他抓。」

除了當年省文化處的支持外，最讓他們感念的是彰化縣前文化局長陳慶豐。「他鼓勵我們每年編一齣彰化在地的故事，如果他還在任，恐怕我們現在已經全台灣的故事都演遍了。」他們曾應高雄醫界聯盟之邀又演過一次陳篡地的故事，很多人建議他們來編高雄二二八的故事。茆國聰說他們都很樂意，可惜在籌編廖文毅的故事時就受到壓力，蘇東啟的故事也胎死腹中，由茆劉敏自製的二二八戲偶從此束諸高閣。

今年正逢二二八事件七十週年，也毫無任何單位提及要來演出二二八的相關故事，和各地方政府爭相舉辦諸如跨年晚會等熱鬧放煙火的活動相較之下，影響台灣近代史最重大的、死傷最慘重的二二八事件，在政治人物眼中究竟還剩下什麼？

台灣文化界的多少不能說的祕密，明世界最清楚。因此，他們從10年前開始，每週兩次，每次兩小時，前往雲林第二監獄，教導受刑人學布袋戲，由於在獄中學習可以累積分數提早獲得假釋的機會，很多受刑人都樂意學習。利用上課的機會，茆國聰常勸他們改

過自新。「只要100人之中能夠救1個，我就很高興了。」的確，他發現這幾年受刑人的回籠率在下降中，他們只收取一點車馬費，所得到最大的喜悅就是看到受刑人出獄後努力向上的身影。

　　茆家第三代宏塼，大學資訊系畢業後決定回鄉接班。「看他沒有真正學過，弄起大仙的尪仔，架勢不輸他老爸咧。」阿嬤邊說邊看著孫子，臉上滿是歡喜。

　　雖然茆明福因為車禍，被迫提早退休，否則他可是國寶級的布袋戲師傅；雖然茆國聰多次感歎，如果住在雲林或南投，明世界所受到的禮遇絕不只此，回顧一甲子的戲偶人生，或許哪一天有人想起，曾經有那麼一團熱衷於推廣本土偶戲的傻瓜，還有很多精彩的在地故事劇本待編，讓大家一起來落實本土布袋戲，充實台灣近代史的內涵，政客的素質也會跟著提昇吧。

（原載2017.2.4.民報）

二七部隊的武器哪裡去了？

　　由台中市新文化協會和台中教育大學台文系等單位聯合主辦的「2016重現二七部隊學術研討會」，在世界人權日的第二天舉行，所邀請的來賓如作家李喬、國史館館長吳密察等學者專家，可謂「大咖」雲集；並有年輕一代共同參與，應是有史以來涵蓋年齡層最廣的一次研討會。

　　主辦單位還邀請當年參與二七部隊的黃金島、鍾逸人，以及專程由彰化溪湖前往台中支援的林才壽等當事人共同討論，難得的是三位當事人至今都還能記得七十年前的往事，是二二八事件的活見證。

　　稍微有點小缺憾的是，論文中有人提到林才壽到台中機場借槍的過程，遭到陪同林才壽前往的楊澤民抗議，認為與事實有出入，對林才壽不公平。楊澤民是當年邀請林才壽擔任溪湖自衛隊隊長的前溪湖農會總幹事楊春木的兒子。楊春木也曾因本案被捕。

　　論文中有一句提到林才壽到台中機場借槍，應是在3月4日或5日，「學生軍接管空軍三廠的警衛工作之後」。楊澤民認為林才壽冒著生命危險，帶隊由溪湖到台中支援，又因為謝雪紅的要求，林才壽又帶隊到機場借槍後交給台中方面的人。如果當時台中方面情勢已由學生軍控制，謝雪紅再拜託林才壽去借槍豈不多此一舉？

　　不只是對林才壽在二二八事件中的角色、以及他所借來的武器究竟交給誰？這問題在大約一年前另一場研討會中，林才壽和黃金島兩人的話就有點對不起來；而黃金島和鍾逸人兩人所說的故事也一樣各有版本，兩人私下是絕不會在一起的。

　　為什麼難得至今還能找到這三位和二七部隊有關的當事人，彼此的說法卻有那麼大的不同？除了時日已久，有些記憶不一定很正確，加上當年混亂中，每個人在各自崗位上，不一定能清楚了解全

盤事件的發展。還有一個很重要的因素，就是官方（敵方）文件搜尋不易，讓事情更難透過比對資料還原史實。例如彰化高中呂興忠老師曾經無意間得到一些警察檔案，那是警方在銷毀檔案過程中被內部人員保留下來，輾轉交給呂老師的，看那檔案才知道當年警方根本把所有人都視為「奸黨暴徒」，在統治者心目中當然是死有餘辜，絲毫不值得同情。

台大歷史系教授陳翠蓮也證實，黃金島說當時在烏牛欄戰役中，真正對抗國軍21師的二七部隊隊員，其實只剩三、四十人，碰巧因為國軍誤判情勢，剛好紮營在部隊駐守的山腳下，丟了幾顆手榴彈就造成很大死傷。官方的記載卻說二七部隊人數有好幾千人，以致國軍被打敗。

再回顧林才壽為什麼要冒險由溪湖帶著向糖廠借來的武器，跑到台中支援？其實是因為一位就讀台中農學院學生回溪湖說明情勢，經台中縣參議員陳萬福的鼓勵才前往的，因為當時台中縣政府在員林，溪湖也屬台中縣轄內，當然要去支援。

據林才壽口述，他們是在3月4日到台中，起先會場一片混亂，謝雪紅看到他們有武器，囑他們看管各個出入口，會場秩序才得以控制；後來謝雪紅請他們再到機場找武器，林才壽設法去借出來後，交給學生隊隊長。

問題就在這裡，學生隊隊長有沒有把這些武器交給謝雪紅或二七部隊隊員？根據黃金島的說法是沒有。那麼這些武器有沒有可能有人拿去，據以向國軍輸誠或邀功？甚或換取某些利益？

也就是一般人探討的，在轉型正義過程中，其實不只有受害者及加害者兩方，也有可能還有得利者。

林才壽被捕後，先有警察作筆錄時交待他千萬不要說出謝雪紅的名字；坐牢時因為軍人訓練，表現良好，被選派為雜役，因而結識各牢房的難友，其中有些因貪污等案被捕的「外省人」，感念他的協助，自動教他怎麼寫訴狀、如何答辯等，甚至拜託一位監委，

幫他找到當時回溪湖找他們去台中的學生，請該學生出面替他作證，他才得以死裡逃生。

該學生後來一路官運亨通，成為人生勝利組，前不久該學生主動告訴林才壽這段監委幫他的往事，林才壽才知道有這麼一位救他一命的監委，可惜已不在人間，讓他錯失向恩人道謝的機會。證人也在告知他真相不久即離開人世。

有人因而猜測，林才壽借出來的那一大批武器，極有可能被人拿去交給國軍以邀功，事後又有人出面作證，他才得以逃過一劫，否則以國民黨殘暴的性格，不可能輕易把死刑犯當場諭知無罪。

從這件歷史公案我們就能看出轉型正義何其重要、國家檔案的公開何其重要，唯有從檔案中去爬梳，才能看清孰是孰非、誰是受害者、誰是加害者，更重要的，有沒有誰是在其中扮演所謂「三腳仔（抓耙仔）」而從中得利的，唯有如此，才能還給受害者起碼的公道。

（原載2016.12.12.民報）

▽黃金島（左）與林才壽（右）。

「搖籃血跡」——漳州人陳榮翰的二二八故事

由海翁台語文學網主辦的第12屆「海翁台灣文學營」，21日結束在台南3天的研習課程。

課程結束了，一項協尋的工作正要開始。

故事要從這次由福建漳州來台參加研習的陳榮翰說起。

陳榮翰是漳州當地的民俗及語言學者。以「喙講父母話，手寫台灣文」為宗旨的「海翁」創辦人蔡金安，時常往來台南和福建，很早就認識陳榮翰，聽陳榮翰說他是出生在台南後，蔡金安就想邀請他到台南一遊。奇怪的是，早些年申請來台時，全團只有他一人不是共產黨員，不知何故未獲准入境；幾年後又有一次機會，卻因他已退休，中國

△背後這間宿舍就是陳榮翰的搖籃血跡。

有關方面要他自行付費而未成行，直到這次陳榮翰夫婦報名參加研習營，才終於得償宿願。

陳榮翰的父親陳寶發是學化學的，大學畢業後正逢二次大戰剛結束，蔣介石占領台灣不久，他父親心想在漳州找不到合適的工作，不如到台灣學習製糖技術，以後好回中國發展。父親當年學習的地方，是日本時代的台南州立農業試驗場。

　　陳榮翰的母親王樹荃那時已大腹便便，或許是一個人在漳州有點不安，因而到台南來找老公，原定夫妻見個面後，母親便要回漳州待產。

　　意想不到的是，她來台灣時正好碰到二二八事件，全台陷入大恐慌，母親也回不去了，只好留在台灣，陳榮翰就在1947年的3月間出生，他的「搖籃血跡」（台灣人說「血跡」，指一個人來到世間的第一個地點），就在農業試驗場宿舍的塌塌米上。

　　二二八的大混亂中，有些地方人士因為受不了國民政府的胡作非為，基於報復，看到外省人就打。在到處「打阿山」的極度恐怖中，幸好鄰居台灣人掩護他們，尤其是一位名叫「謙卑」的女士，更是對他們全家照顧備至，還幫母親做月子，一直等到陳榮翰滿月後，一家人才回到漳州。

　　沒多久，國共雙方開始長期對峙，父母親對於這一段二二八的奇幻旅程絕口不提，陳榮翰只是覺得奇怪，為什麼小時候母親常對他說：「台灣人民很好。」此外不敢多說，因為那時候有任何台灣關係的，在共產中國都會被歸類為黑五類，文化大革命時更會遭致大禍臨頭。

　　他的母親在1962年就過世了，直到90年代雙方的緊張降低，慢慢開始有往來時，父親才告訴陳榮翰這段故事，他才頭一次知道，原來他的「搖籃血跡」在台南，但因為父親晚年罹患失智症，他能從父親口中得知的消息也僅止於此，其他進一步的過往，就再也問不出來了。

　　他曾經想以「漳台傳統民俗文化之比較」為題來台考察，卻不知什麼原因，被台灣方面拒絕，也一直錯失到台南的「尋根」之旅。

　　他最想做的是找到那位名叫謙卑的恩人，當面向他致謝，即便因年代久遠，不知謙卑是否還在人世，如果能找到她的後代，他也會非常感激。因為他越懂事就越清楚，在二二八那麼恐怖的事件

中，如果沒有恩人的掩護，他們一家可能無法活著回去中國。

　　台南市的文史工作者鄭道聰看到他帶來的一堆泛黃老照片，一眼就認出照片中的地點，現在已經被指定為台南市市定古蹟農事試驗場宿舍群，立刻帶著他們夫婦前往「指認」。當陳榮翰拿著照片，比對眼前所見的日式宿舍，雖然已經年近七旬，還是難掩心中的激動，在現場看了很久，還到他出生的那間宿舍的塌塌米上坐了好久。只可惜僅憑「謙卑」兩個字要尋找恩人，就沒那麼容易了。

　　「海翁文學營」的幾位志工同仁還是不放棄，回來後一位基督徒志工說，依他的了解，取「謙卑」這個名字的，很可能是基督徒，透過各教會去尋找會友名冊，說不定可以找到這個人，因此，陳榮翰雖然在研習營結束後離開台南，多位台南的教友才開始要分頭去幫他找那位當年照顧他們一家的「謙卑」。

▽陳榮翰的母親挺著大肚子在日式宿舍前留影（陳榮翰提供）。

△陳榮翰的父親陳寶發在台南學習製糖時攝（陳榮翰提供）

△陳榮翰（中）和海翁文學營志工（陳榮翰提供）。

　　而陳榮翰也對他們充滿信心，第一次來台灣，讓他感受到小時候母親常說的「台灣人民很好」的真正意義。他說，台灣人的熱情好客令他難忘，而看到他的出生地後，他興奮的說：「台南是我的故鄉。」因為「搖籃血跡」對研究民俗的他而言，意義至為重大。

（原載2016.7.22.民報）

代誌無解決「中部共生營」
繼續探索二二八

　　當大人們為了司法院長的任命、為了駐新加坡大使的酒駕議論紛紛；當總統不斷向原住民道歉再道歉，卻看不到她就職時說得義正辭嚴的轉型正義有絲毫進展時，一群高中及大學的青年朋友們正努力的想抽絲剝繭，一步一腳印的去尋找歷史的軌跡，尋求轉型正義的切入點。

　　他們是「中部共生青年組合」。這個週末剛辦完兩天一夜的「第三屆中部共生營」，除了邀請文史工作者、取得大批彰化縣二二八警察檔案的彰化高中呂興忠老師，及事件當事人林才壽老先生之外，還有圓桌論壇、桌遊、在地訪談等課程，內容豐富。

　　中部共生青年組合起源於2014年，一群中部青年在參與兩次北部共生音樂節的擺攤之後，有感於中部在地發展的殊異性，而有成立中部在地共生組織的構想。

　　更早之前的318學運爆發時，幾位負責動員北上的同學，就深感在運動裡，中部青年根本無法擁有一個屬於中部的網絡，導致雖然有相當多的中部學生北上，卻都是零散的被動參與，喪失中部青年們在318運動中可能的進一步發展機會。中部共生青年組合於焉誕生。

　　取名共生的「共」字，剛好是把「二二八」中間的「二」轉90度湊成一個字就成了。意思很明顯，雖然對台灣近代史的認知模糊，他們卻很清楚知道，二二八事變是影響台灣很重大的轉捩點，也是轉型正義最重要的切入點。

　　尤其中部在二二八事件中，是全台唯一成立「二七部隊」武力反抗國民黨軍，戰線甚至拉到南投雲林等鄰近縣市。

　　和北部一樣，他們每年都舉辦共生音樂節。

△中部共生營大合照。

　　第一屆中部共生的主題是「煙硝形影」，就是在強調二七部隊等自發性武力在中部二二八事件中所扮演的角色，從各種武裝民兵的林立、教化會館之役、空軍三廠接收、二七部隊成立，一直到南投所發生的日月潭、烏牛欄之役，顯示中部具有濃烈火藥味的特殊性。因而選擇以重金屬音樂搭配。

　　第二屆主題是「代誌無解決」，是呼應台灣在轉型正義上的未竟之業。

　　「在轉型正義討論熱度甚囂塵上，並被新政府列入重大政見的時候，我們以此訴求強調過去許多侵害人權與民主價值的事情尚未被妥善處理，雖然台灣號稱民主化已久，仍必須正面以對這些過去的不公義，才能穩固民主根基。」年輕人這麼說，不知當政者看了有何感想？

　　他們辦的活動很多元，除了音樂節之外，先成立讀書會，讓參加者閱讀大量文本、傾聽相關故事，理解當時代到今日的發展脈絡與行動成因，再籍由二二八地景小旅行、展覽、到各學校舉辦演講等，希望讓更多人重新記憶這些被刻意蒙蔽的歷史，用庶民的角度

來協助推動轉型正義巨輪。

　　他們非常重視對當事者的訪談。由於二二八即將屆滿70年，許多當事人有幸未被殺的，不是逃離台灣，就是絕口不提。在中部，幸好還有實際參與二七部隊的黃金島、幫謝雪紅借武器的林才壽，他們想花更多時間，對兩位阿祖輩的當事人，作更深入的訪談，並做成影像及文字等記錄。

　　前兩屆共生營分別在台中及南投舉行。這次他們選擇在彰化南瑤宮，課程的設計方面，他們刻意把上課的時數減少，卻讓學員到市區隨機訪談，學員感受更為深刻。

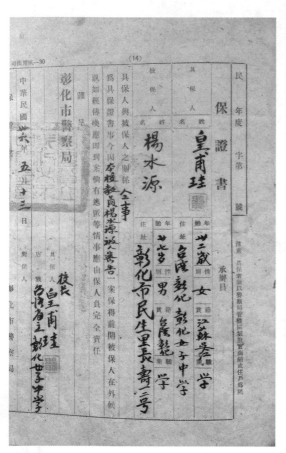

◁△自新要經過至少兩道程序。
彰女教師也不保。

特別的是，呂興忠老師因為長期關注台灣文化議題，十多年前他收到一批來自警界的二二八機密檔案，那應是立法院開始要審查二二八賠償條例，政府偷偷下令全面銷毀相關檔案時，一位負責銷毀檔案的警員在最後一刻，決定把一部分資料保留起來，鎖在家中，老人家過世後，家屬發現這些文件後，輾轉交給呂老師的。

呂興忠老師如獲至寶，花了很多時間整理成《彰化縣二二八事件檔案彙編》，後來又根據這些檔案，逐一進行口述歷史的訪談，寫成上下兩冊的《二二八事件警察檔案》。這應是全國保存最多二二八事件第一手資料的一次大豐收。當然，也讓學生們在這次研習中大豐收。

彰化縣二二八口述歷史調查計劃
彰化縣 二二八事件
檔案彙編
呂興忠 編撰

△彰化縣二二八事件檔案彙編封面。

辦這麼多活動，經費哪裡來？主辦單位說，起初是透過NGO募款平台，後來可能因為大選，NGO募款不易，他們就和社團合作，寫計畫向政府申請補助，所幸每次辦活動都很克難，像這次住南瑤宮香客大樓，講師們多半不收講師費，因此每人只花200元，就有了兩天一夜滿滿收穫的行程。

各類活動中，以二二八地景小旅行最受歡迎，組合也能邊辦邊找到更多伙伴，訓練更多導覽員，現在已有台中市區及埔里烏牛欄戰場等幾條不同路線的小旅行，兩年下來，不知不覺間已經辦了十幾場了。

至於參與人數最多的，仍屬共生音樂節，以前兩次的經驗，青年們只透過網路宣傳，就來了上萬人。因此，今年第三屆共生音樂節，他們打算籌募一些經費作為獎金，鼓勵樂團創作中部二二八事變的專屬樂曲。

　　一位在旁邊一起受訪的朋友突然插嘴問，要不要考慮也來作台灣國歌的創作比賽？受訪者愣了一下說，也可以考慮，回去大家討論看看，畢竟現在的國歌是中國國民黨黨歌，也可算是轉型正義要解決的問題吧。

（原載2016.8.15.民報）

走街頭

農民運動的推手
青年從政的典範／戴振耀

他是農家子弟，沒有顯赫的身世或學歷，卻在美麗島事件前就選上橋頭鄉（今高雄市橋頭區）鄉民代表，1979年初余登發父子被捕時，他眼見來自全國各地的黨外人士齊聚聲援余家，他也跟在黨外人士遊行隊伍中幫忙發傳單。

36年後的1975年我問余政憲：橋仔頭示威時他人在哪裡，他回說他媽媽（余陳月瑛）把他藏在親戚家。你就可以想像那個年代的人真的怕被滿門抄斬啊。

我清楚記得，問政強悍的余陳月瑛把自己關在書房裡，不斷的和當時的省主席林洋港等人聯絡，那個時候她只是一個丈夫和公公被抓的無助主婦；高雄縣長黃友仁的夫人黃余秀鸞是余登發的女兒，縣長不敢出面，夫人也只能沉默的接待我們這一群來自各地聲援的朋友。

△戴振耀最喜歡的一張照片

在地人很關心，也很害怕，卻又愛看，很多人抓著余家窗子的欄杆探頭觀望，尤其當曾心儀以聽起來像在哭的吼聲大罵南區警總司令時，窗外的人頭更多了。

多年後阿耀告訴我，那一場遊行時他也參加了，他當時是橋頭鄉鄉民代表。

直到現在，要選立委不容易，要選上鄉民代表更加不簡單，所

以戴振耀是可以靠自己的實力參與選舉吃香喝辣的，他卻在橋頭示威中選擇和我們併肩上街頭，從此改變他的一生，也造福無數農民。

美麗島事件時，他和朋友拿著「爭取農民權益」的布條參加遊行，事後被捕坐牢三年，他笑稱平均每兩個字關一年。

他還記得遊行前他看到有人在拍他拿布條的照片，以為是記者，特地留下他的姓名及地址給「記者」，請他把照片沖洗後寄給他。大逮捕後他逃亡了一個月，因為身上沒錢潛回家裡，不到三分鐘警察就到了，在訊問時對方拿出他寫的那張姓名及地址的紙條，他才知道原來拍照者是在現場蒐證的抓耙仔。

出獄後他謹記同案難友紀萬生的叮嚀：要對抗國民黨一定要組織群眾才有力量，於是他把自家農場的集貨場當教室，利用夜間或農閒時組訓農民，是國民黨統治台灣以來，第一個設立農民教室的人。

他加入民進黨新潮流系，以及基督教城鄉宣教會（URM）等，起初由家中集貨場開始，慢慢擴展到附近鄉鎮，四處演講；最後又結合全國各地農民朋友，成立台灣農權總會，終於爆發1988年的「五二〇事件」，那是國民黨據台以來最大的一次農民抗爭事件。

他也曾赴美國、韓國、菲律賓等地，觀摩學習各種組訓方法及實際的農民運動。印象最深的是和韓國農民一起抗爭美國牛肉進口問題，目睹農民在牛尾綁上燃燒彈，和警方對峙中，農民們一聲令下，全體把牛尾上的燃燒彈點燃，牛隻受到驚嚇，往鎮暴警察隊伍狂奔。南韓農民那種強悍的抗爭鏡頭讓他久久難忘。

他曾參選農民團體立委，選區遍及全國，農民團體會員名冊由偏國民黨的農會牢牢掌控，他連選民在哪裡都不知道，他跑遍全國，到處演講拉票，出獄後的組訓經驗及農權總會的組織力發揮作用，竟然讓他當選了。

　　進入立法院當天，他戴著斗笠，開一台老爺車就要去宣示就職，被立法院駐院警擋在門口，看慣衣冠楚楚、高高在上的立委諸公形象，駐院警難以想像怎麼有這樣的人可以選上立委。

　　早期在開設農民教室時，經常遭到警察騷擾，曾有隔壁小孩偷偷告訴他：「爸爸昨天來上課後，回去就被警察叫去詢問，並警告他不能再來上課。」還有小朋友說，他看到晚上有人爬到集貨廠屋頂，不知在做什麼。戴振耀查看了天花板之後，發現被裝了竊聽器。

　　他的農民教室不但沒有因而停止，反而擴大到附近鄉鎮，到處去串連組訓農民。詹益樺就是在那時候，經蔡有全的介紹，到他那裡幫忙的。

　　「阿樺對我們幫助很大，他很猛，有事都衝第一線，他說光在自家集貨場不行，要到各處去宣揚理念，所以我們擴大範圍，高雄縣的組訓工作就交給他。」戴振耀回憶說。

　　「阿樺是很細心體貼的人。他看到我們集貨場很悶熱，自己去找來一台二手冷氣機裝上，騙我說是檢來的，他死後朋友才告訴我其實是他花錢買的。」

　　他們上課的內容很多樣，曾經請高雄市議員林黎琤去彈琴，教唱抗爭歌曲如「農民全勝利」、「勇敢的台灣人」等，警察就在外面故意把卡賓槍拉得嘰咔響，外面的警告聲越大，裡面的歌聲也越唱越大聲。也曾請潘立夫、謝長廷、李慶雄……等人來演講，聲勢壯大後，開始全台各處串連，才有台灣農權總會的成立。

　　早期各地草根工作者都互相幫忙，像原住民對於吳鳳神話很火大，大家說好就行動，把吳鳳銅像拉下來，逼得政府把嘉義縣的吳鳳鄉改名為阿里山鄉；五二〇農民運動時，鄭南榕早早就告訴戴振耀：「你們儘管做，經費的事我負責。」所以行前他們特地由日本買回聲量最大的喇叭裝在戰車上，發揮很大的效果，買喇叭的錢是鄭南榕支付的。

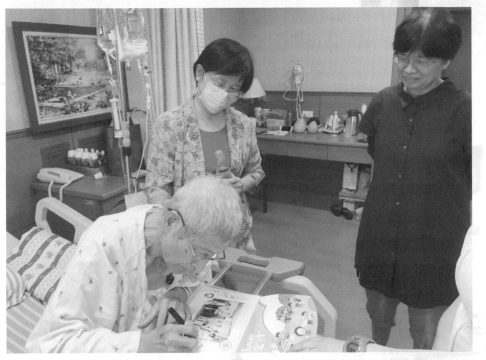

△高雄市政府送來市長和耀伯及醫護人員合照，護理人員說沒有市長及耀伯的簽名就沒意義，於是病房成為簽名會場。

　　陳水扁執政後，他擔任農委會副主委，也曾擔任農村發展基金會董事長。就在他當官的期間，原本四處找地，想為阿樺立銅像，剛好詹益樺的故鄉嘉義竹崎鄉親水公園整治時，他們把詹益樺的銅像立在公園內。起初地方上有人反彈，說這樣誰都可以在那裡立銅像。地方的支持者回應說，你如果像詹益樺一樣為公益把自己燒死，也可以為你立銅像，對方才閉嘴。

　　陳水扁卸任後，他也跟著下台，他無縫接軌，下台後回家下田，繼續當農夫，經營他的「耀伯農場」，卻在2016年中，被診斷罹患胰臟癌。

　　2016年5月19日，他辦完例行的詹益樺追思會不久，還受台灣教授協會之邀北上演講談詹益樺，回來後身體不適，檢查後確診罹癌，接受一連串化療、放療等療程，他還是一樣樂觀幽默，老友邀約，他的言談一樣風趣，一點都看不出罹患重病。

2017年4月7日鄭南榕自焚紀念日，他心想身體狀況很好，特地北上參加追思會，遇到蔡有全，大伙還有說有笑，想不到回來不久，就傳來蔡有全病逝的消息；而他那天回家的路上，胰臟部位就感到疼痛，從此開始住家醫院兩頭跑的日子。

2017年9月27日，有感於戴振耀病情不樂觀，總統府特別頒發給他三等景星勳章，他抱病前往領取；兩天後，在高雄長庚耀伯的病房中，又來了前任總統陳水扁，阿扁利用到長庚復健餘暇，特別前往探視。兩位當年一起狂飆街頭叱吒風雲的戰友，見面時一個坐輪椅，一個骨瘦如柴坐在病榻，望之令人不勝唏噓。

▽獲頒景星勳章的前農委會副主委戴振耀回到醫院治療，陳前總統正好也至醫院復健回診，特別前來探望老友。

阿耀還是一樣健談，看到老友一波波來探望，原本痛得請護理人員幫他注射嗎啡的耀伯，看起來精神抖擻，時而和妻子姜素珍開玩笑，時而笑談醫護人員每每揶揄他：美麗島坐牢被打時你也不會喊痛啊，為什麼現在一痛就要注嗎啡？「不一樣啊，坐牢時要展氣魄，不能喊痛，現在不必忍了啊。」耀伯說。

　　說著說著又說到當年跑路及坐牢的種種。談如何在跑路的日子忍不住和家人相聚一天時，年幼的子女高興的享受全家出遊的幸福，哪知道父親是冒著被捕危險爭取家人短暫的團圓……。

　　「我逃了一個多月，看到施明德被捕我才出來。我心想，頭人（指施明德）還沒被抓到以前如果出來，一定被揍得半死；後來看到施明德被捕後，因為逃亡實在很痛苦，又怕連累他人，就去投案了。檢察官看到我說：『他X的，明天就要結案了，你今天自己跑出來。』」

　　訊問完畢被送入牢房後，頭一個看到的是同案的許天賢牧師，許天賢拿著一根「老鼠仔尾（以前牢房煙禁時代，囚犯把好不容易到手的香煙撕開捲紙，另以衛生紙捲成細捲，以便抽更久的自製捲煙）」，阿耀看到久違的香煙，拿來大口猛吸，被許天賢罵：「這是很多人要吸的，被你一口吸完！」

　　戴振耀是美麗島事件受難者，被判三年，也被足足關了三年，被捕後受到刑求自是意料之中，偵訊後第一站被送到警備總部轄下的南區警備司令部（簡稱南警部）。

　　「我們都稱它是『鹹水大飯店』，因為我們的三餐是一碗尖尖的白飯，旁邊是一碗加了鹽的白開水，很像我們在拜床母的供品，我光看就吃不下。」耀伯說。

　　他於是拜託走私犯難友買來泡麵，牢房中唯一有水的地方是半自助的抽水馬桶，當然沒有熱水，他以馬桶水把泡麵泡軟後，把水倒掉，加上配料，這碗馬桶水泡出來的乾麵，就是他在鹹水大飯店坐牢時的珍饈。

在牢裡，常常聽到電視機傳來的歌聲，最常聽到的歌詞是「一碗米糕」，「我心裡覺得很奇怪，幹什麼一直在唱一碗米糕啦？後來才知道，原來是為了激發全民愛國情緒，他們去編了一首『愛國歌曲』〈中華民國頌〉啦，『中華民國』聽成『一碗米糕』啦。」

「最後要從南警部移監到新店秀朗橋頭的北警部時，獄方突然準備了每人5菜1湯的『大餐』，全體被告坐著一動也不動，大家心裡都在想同樣的問題：突然吃得這麼好，這會不會是我們的最後一餐，吃完後就要帶出去槍斃了？獄卒看大家不動又開罵：『他X的，給你們鹹水配飯你們不吃，給你們好料的，你們也不吃！』」

病床上的戴振耀，談到昔日種種，雖然身形削瘦，依舊神采奕奕。他最感佩的是一位在南警部任職的楊見草，無懼藏匿人犯可能獲罪，幫助他四處躲藏，後來因害怕被察覺主動辭職，戴振耀曾引介他和台獨聯盟的朋友認識，還曾送他到美國，聯盟副主席郭清江特別帶他去學射擊。「為了怕連累他，我一直不敢講，現在時效過了才說，可見台灣人中間還是有這種不顧自身安危見義勇為的有骨氣人士的。」耀伯說。

他曾經想去尋找當年囚禁他們的南警部牢房，卻只知道在壽山，不知道如今是否還在，這許許多多戒嚴時期的點點滴滴，沒有經過戒嚴的年輕人很難體會，北警部在秀朗橋頭的景美牢房改設為景美人權園區，現在成為很重要的人權地標，高雄是美麗島事件發生地，如果那個囚禁多少英雄好漢的牢房還在，應能給予後世更多的感懷與啟發。

戴振耀在我訪問他之後的一個多月間，病情沒有好轉，他在那段期間受洗成為基督徒，他說在此之前沒有受洗是因為和母親有約，他有生之年一定會祭拜祖先。

他於11月18日下午病情惡化，家屬載回家中，一直到半夜，兩個孫子在他耳邊唱「勇敢的台灣人」後斷氣，時間是11月19日凌晨12:02，剛好是中壢事件40週年。

40年前的11月19日，阿耀在高雄縣長候選人黃友仁橋頭總部忙著記票，他的弟弟戴振惠和助選員因抗議作票在派出所做筆錄，回來後阿耀告訴他怎麼左手掌心那麼痛，原來是得知黃友仁當選時，阿耀忘記右手夾著一支原子筆，忘情得直拍手，掌心被刺破而不自知。

　　戴振惠說，他們當晚並不知道中壢出事，事後發現中壢事件的影響真大，國民黨不敢作票，黃友仁當選縣長，他們那件原本可能被羅織的選舉糾紛就此不了了之；半年後，戴振耀當選橋頭鄉鄉民代表，阿耀從此踏上農民從政之路。而中壢事件紀念日這一天也成為戴振耀的忌日。

　　40年的政治路，戴振耀獨樹一格，他一生天真質樸從不做作，不因居高位而浮誇倨傲，下台後立刻下田務農不以為苦，戴振耀的所言所行，為台灣青年從政立下極為可貴的典範。

（本文經作者多次訪問改寫而成）

他為英雄塑雕像　她要為他蓋紀念館——林文德、鄭愛華的白沙灣之戀

　　有人說，在天堂的人時間過得特別快，一轉眼已經是兩年前的事情了。

　　兩年前的9月30日，前世台會會長曾為鄭南榕墓園雕塑「自由之翼」，也為陳定南、王育德、蕭泰然、陳翠玉……等多位台派人士做雕像的台獨藝術家林文德病逝，讓很多人深感不捨。兩年後的同一天，好友們在鄭愛華的邀約下，相約到白沙灣他生前的工作室看海、聽音樂、看他的作品、想他。

　　從小就喜歡畫畫捏泥巴的林文德，很早就展現藝術創作的天分，他在國立藝專（今國立台灣藝術大學）時的第一件雕塑作品〈女人〉，很受老師李澤藩（李遠哲的父親）欣賞，他說要送老師，老師說不行，以4百元買下，1966年的那個時代，4百元是不小的數目。

　　他畢業退伍後還沒找工作，正好他的老師李梅樹在修三峽祖師廟，李梅樹深知他的雕塑才華，找他幫忙修廟，他在祖師廟住了好幾個月，完成了幾幅銅雕作品，祖師廟應是全台唯一有銅製浮雕，也是唯一結合學術界合力修建的寺廟。

　　隨後他跑到師大（今國立台灣師範大學）附近開設美術補習班。那時學美術的學生考大學第一志願是師大美術系，美術系要加考術科，其中石膏像素描是必考項目，但市面很難買到石膏像，只有師大美術系考術科時用的一尊，林文德於是自己做了一尊阿古力帕胸像供學生學習，結果他的學生術科成績都考得很好，補習班也聲名大噪。

　　差不多同一時間的1970年，他獲得第一屆全國雕塑獎首獎，因

而獲聘成為建國中學美術老師，這個美術老師上課時都要由灌輸學生自由思想講起，因為他認為藝術家一定要有自由的思想，才能有好的創作，結果遭到學校警告，他決定出國，前往維也納藝術學院，跟隨雕塑大師沃土巴（Wotruba）學習，3年後教授過世，他也結束他的學院生涯，並搬往奧地利第二大城格拉茲（Graz）定居。

由於女兒出生等家庭因素，他改行開了一家「亞洲餐廳」，拿雕刻刀的手拿起鍋鏟一樣靈巧，加上他個性熱情豪邁，生意很好，兩年後還清了當初開餐廳的貸款，不久又把那棟4百年歷史的建築買下來，樓下開餐廳，樓上成立「陰陽畫會」，他自己也在那裡開班教授素描，所得全部作為畫會開支，成為格拉茲當地重要的藝術家聚會處。後來他又另在郊區建了別墅，作為住家。

「我第一次和他回格拉茲，看到他沿路和熟人打招呼，5分鐘的路程走了2小時，我看到每個人和他打招呼時那種高興的表情，感覺他比市長還風光。」鄭愛華說。

鄭愛華是在林文德於2004年回台定居前後和林文德相識的，或許因為兩人各自有一段受傷的感情，反而更能珍惜彼此在一起的歡愉，一個是雕塑家，一位是畫家，在林文德人生最後的11年，彼此相知相愛，是朋友圈中人人稱羨的神仙眷侶。

鄭南榕墓園自由之翼出自林文德之手

林文德甫出國到奧地利，他在戒嚴台灣被禁錮的靈魂充分得到解放，他加入台獨聯盟，後來成為台獨聯盟歐洲本部主席；他也積極參與同鄉會會務，曾擔任全歐台灣同鄉會及世界台灣同鄉會會長，除了留學生之外，當年所有台灣的異議人士到歐洲參訪的，幾乎都曾受到他的招待，都會念念不忘他餐廳的美食美酒及他的豪邁熱情。

黑名單解禁後，林文德在2004年回台。回台定居的前兩年，他為鄭南榕墓園設計的「自由之翼」及鄭南榕頭像浮雕落成。「自由

之翼」銅雕後來作成二二八件限量縮小版，2016年蔡英文總統出訪巴拿馬時，過境美國邁阿密，會見美國聯邦眾議院外交委員會榮譽主席羅絲雷提南（Ileana Ros Lehtinen）時，所贈送的就是這尊象徵百分之百言論自由的「自由之翼」。

宜蘭陳定南紀念園區中，陳定南坐在椅條上，很多人都會去和他坐著合照的雕像，也是林文德的作品；他也分別幫為突破黑名單返鄉而死的陳翠玉、民進黨創黨主席江鵬堅、史明……多位台獨運動人士作雕像，最後作品是音樂家蕭泰然教授頭像。

林文德回台後不但創作不輟，街頭運動也從不缺席，2012年底開始一連串的丟鞋風潮中，在一次馮光遠發起的丟鞋運動中，林文德只收了工本及材料費，以一星期的時間，趕製了一隻大鞋，搬到民進黨中央黨部附近的中央藝文公園，作為民眾丟鞋的標的，運動過後，大小鞋丟滿公園，林文德把那隻大鞋搬回白沙灣住家，高掛在二樓牆上，成了白沙灣工作室的最明顯地標。

和林文德的回憶凝聚鄭愛華向前動力

2013年林文德中風，在努力復健中，仍在2014年辦了「2015因為愛——鄭愛華油畫與林文德雕塑展」。

「復健過程很辛苦，尤其在做雕塑時，拿材料的左手常不聽使喚，一不小心就傾倒，不但沾滿全身，還弄得滿室狼籍……」鄭愛華邊說邊拭淚，但說到林文德的素描功力、憶起兩人在一起時的快樂時光，臉上又洋溢著滿滿的幸福。

「很多人想說，文德走後，我一個人在海邊這麼偏僻的地方敢住嗎？還有很多人想來買這間房子。」鄭愛華說，剛開始辦完喪禮後，她和家人去環島一周，回來後大家都離開了，的確有一段很難熬的日子。隨後因為辦畫展忙碌，有時走在和文德走過千百遍的海邊小徑，看到路旁的小花小草，在最惡劣的環境中依舊開出美麗的花朵，引發了她的生命力，也想到林文德臨走前感嘆很多事還沒

△鄭愛華展示林文德的素描作品。

做，慢慢在沉澱後，決定在自家旁邊開設林文德美術館，目前已經開始整地。

　　「文德喜歡自由，喜歡大自然，這裡是我們共同蓋起來的家。」這些和林文德的回憶，兩年來凝聚成為她向前走的動力，她目前正在籌備成立「林文德文化藝術推廣協會」，他想到林文德常說，台灣很美，但有人的地方就變醜了；想到林文德常光著身子在院子澆花，因為他很想在家附近的海灘成立一個天體營；想到林文德很多大器的作品，於是開始把一些林文德留下來的紙板雕塑作品，改造成銅製品以利保存，她的生活過得充實，她要把林文德希望故鄉更美的願望，以白沙灣為基地，漸漸讓它變得更美。

林文德的人緣很好，鄭愛華只以臉書訊息邀請他的生前好友，想不到一呼百應，包括張燦鍙、陳唐山、楊黃美幸、李敏勇……，連遠在奧地利剛好回國的老友高成城等人都會參加林文德逝世兩週年的家庭聚會，而我們也看到一對藝術家夫婦由小愛而大愛而實際改變台灣的一段美好故事。

（原載2017.9.29.民報）

火爆浪子送行者
——黃昭輝的人生故事

　　黃昭輝，1946年9月23日出生，曾代表民主進步黨參選國大代表、立法委員，前高雄市政府秘書處處長。

　　1979年美麗島事件發生後，黃昭輝曾因幫助施明德逃亡而被國民黨政權以「明知為匪諜而不告密檢舉」判處有期徒刑2年。曾在國大代表的宴會上，當著時為總統的李登輝面前翻桌抗議萬年國會，連翻了七桌才遭制止。

　　2006年9月7日，施明德公開批評當年因藏匿他而坐牢的高俊明牧師，黃昭輝痛批施為「忘恩負義」、「畜牲」而挨施提告，判賠50萬元及登報道歉。

總統大宴賓客，他卻跑進會場翻桌，而且連翻7桌，翻累了，才罷休。

他因而得了一個「火爆浪子」的外號

那是1990年2月19日，國民大會在陽明山開議，總統李登輝循例在中山樓設宴款待與會的國大代表及眷屬，民進黨的黃昭輝卻在李登輝開始要逐桌敬酒時，先從20個座席的主桌翻起，旁邊另6桌也被他逐一連同桌上的酒菜一併掀翻，會場一片大亂。

黃昭輝會這麼生氣，起因於當天上午國民大會開議，大會討論推派主席的爭議。

國民大會當時並沒有議長的設置，而是由多位國大代表擔任主席團，再由主席團推選每天開會時的主席。

那時國會尚未全面改選，也就是所謂萬年國代還在任的時代，民進黨籍國大代表席次相當少（全體國代約有6百多人，增額代表88席，民進黨籍僅11席），能被推派為主席團的只有周清玉一人，但基於社會氛圍對於國會全面改選的呼聲日益高漲，因此，當國民黨占多數的主席團決定推派谷正綱擔任主席時，黃昭輝和蔡式淵兩人上台抗議，主張應由具有民意基礎的增額代表擔任主席，想不到秘書長何宜武立刻動用警察權，下令把抗議的民進黨國代拖出去，黃昭輝和蔡式淵被架上一台車；蘇嘉全獨自被帶上另一台公車，全被開往山下。

「那時國民黨根本不把人數這麼少的民進黨國代看在眼裡，動用警察權也不是只有那次。我和蔡式淵被架上公車不久，就一直威脅司機把車開回中山樓，否則我們會打破玻璃跳下車，司機無奈，只好折返現場。」黃昭輝說。動用公車，是因為國民大會開會期間，為方便國代及相關人士上山，秘書處都情商台北市公車處調派專車接送。

「我們被架離後，剩下的8位同黨國代就地靜坐抗議，但我們

回到現場時，還是找不到蘇嘉全，我於是宣布數到10如果還說不出蘇嘉全在哪裡，我們會採取激烈抗爭。」接著就是那經典的總統敬酒、國代翻桌的畫面。

事後他們獲知，蘇嘉全被載到市區後，不知被繞到什麼地方司機才請他下車，蘇嘉全的皮鞋在山上的混戰中早已掉落，他只好赤腳徒步走到位於建國北路的民進黨中央黨部報平安。

黃昭輝的事蹟不只這一椿。早在1979年美麗島事件發生後不久，他就因為藏匿施明德案被判刑兩年，緩刑3年，雖說緩刑可以不必坐牢，只是那時藏匿施明德是喧騰一時的重大事件，未判刑前他早已被關了半年。

藏匿施明德案的10位涉案者中，絕大多數是台灣基督長老教會的教友，其中高俊明牧師更是位居長老教會總幹事要津，也為此事遭判刑7年，坐牢4年；相形之下，黃昭輝只在協助施明德逃亡過程中擔任一次司機就被判刑2年，代價不輕，還在牢裡被打得鼻青眼腫。

長老教會被捲入施明德逃亡的原因是，在那風聲鶴唳的年代，長老教會是唯一有組織且立場鮮明的團體，說它是施明德唯一信得過的團體也不為過。而長老教會何以演變到和國民黨政權勢不兩立，就要從蔣介石主導的「世界基督教護教反共聯合會」及「萬國基督教聯合會」說起。

蔣介石利用他本身是基督徒的身分，成功利用宗教作為政治鬥爭的工具，最誇張的是打著反共護教的名義，竟然把十字架上的耶穌拿掉，改為懸掛中國國民黨黨徽。

1965年當長老教會在台宣教百週年慶時，國民黨開始展開一連串的政治迫害，因為當時只有長老教會是普世教會協會（World Council of Churches，縮寫：WCC）的會員，蔣介石以普世教協親共為由，強迫長老教會退出普世教協。其間的過程曲折，尤以時任總會議長的謝緯牧師離奇車禍死亡，黃昭輝深深懷疑是政治謀殺。

△十字架上的黨徽是戒嚴時期蔣介石利用反共護教之名打壓台灣基督長老教會，護教反共團體所使用的標章。全世界敢以自家標章取代耶穌像的團體只此一家（黃昭輝提供）。

曾慶豹／著

約瑟
和他的兄弟們
護教反共、黨國基督徒與臺灣基要派的形成

△《約瑟和他的弟兄們》封面。是一本描述1965年開始蔣介石如何假借反共之名迫害台灣基督長老教會的專書。封面中的照片是反共護教團體慶祝蔣介石百歲生日舉辦的音樂會，背景的十字架上耶穌像被國民黨黨徽所取代（黃昭輝提供）。

　　一如國民黨的威逼利誘外加分化等手法，長老教會內部也有少數人站到統治者那邊，造成極大的傷害，但長老教會不妥協，陸續在台灣被逐出聯合國、美國總統尼克森訪問中國，以及美中建交等關鍵時刻，發表〈國是聲明與建議〉（1971年）、〈我們的呼籲〉（1975年），以及〈人權宣言〉（1977年），其中〈人權宣言〉明確主張：「為達成台灣人民獨立及自由的願望，我們促請政府於此國際情勢危急之際，面對現實，採取有效措施，使台灣成為一個新而獨立的國家。」40年前就提出這樣的獨立建國主張，教會相關人員的勇氣，島內至今沒有任何組織能及。

所有這些聲明與宣言，都是在高俊明牧師擔任總幹事任內提出的，國民黨政權正苦無理由逮捕高俊明，剛好利用藏匿施明德案一舉成擒。

畢業於台南神學院的黃昭輝，談到這段往事，只把它歸因於信仰的力量，否則以藏匿案一邊是5百萬元的高額獎金利誘，一邊是重刑俟候，很難解釋所有人都選擇後者的理由。

黃昭輝後來曾擔任多屆立法委員，也曾任高雄市政府民政局局長等職，3年前離開市府公職後競選市議員失利，雖然大半生擔任民意代表及政務官，卻沒有退休金可拿，兩袖清風的情況下，他開始思考往後家庭經濟問題該如何解決。

新而獨立
的國家

台灣

台灣基督長老教會人權宣言
聖經與神學論述

高俊明等　著

台灣基督長老教會信仰與教制委員會

△《新而獨立的國家》封面，長老教會在 10 年前紀念發表人權宣言 30 週年的專書（黃昭輝提供）。

由於他在民政局長任內把一般人最不愛去的高雄市立殯儀館做了一番整修，讓殯儀館看起來不再陰暗雜亂，卸任後無意間有人勸他成立殯葬禮儀公司。

「我最需要克服的，不是和死人為伍，而是背後難免有人指指點點，看到我在殯儀館走動時，常聽到旁人的竊竊私語：『那不是黃某某嗎？』我花了3年的時間，才克服這樣的心理障礙。」黃昭輝說。

這其實是早期挺綠人士的共同問題，特別是早年街頭運動常客，很多人年老了或經濟情況變差了，都只能自己想辦法，熬得過的當然沒問題，熬不過的，下場悽慘者所在多有。

　　依舊是信仰的力量，外加他在教會的人脈，以及比別的業者更加用心，譬如改善葬禮儀式進行中的配樂，或是針對往生者的性別，選擇相同性別的禮儀師，都會讓家屬感受到他們的用心，慢慢做出口碑，讓他走過草創期，做到目前不但生活無虞，業務也日漸擴充，只好把在美國工作的兒子找回來，父子兩人一起打拼。

　　他的精彩人生，見證了台灣這半世紀以來的政治變化與社會現狀。他現在最想做的是把自己的人生經驗傳承給年輕一代，包括他家族是台灣少數最早信奉基督教的家庭，即便在長期遭受壓迫的長老教會中，更加令人深刻感受到信仰的力量無窮。

（原載2017.8.28.民報）

冰冷的法律
熱血的人權律師／陳武璋

今年二二八當天，全台很多地方的蔣介石銅像遭到潑漆、砍頭等各種不同方式的對待，其中光是台中市就有大里和霧峰兩個區公所，以及大里的一個公園等三處的蔣介石銅像被潑漆，它們都由同一人所為，他是早期街頭運動的常客，目前是電台節目主持人林明正。

不到四個月後的六月二十日，林明正被傳喚到台中地檢署，陪同前往的是台中市街頭常客都很熟悉的人權律師陳武璋。

以下是林明正的敘述：

△陳武璋為潑漆的林明正義務辯護（林明正提供）。

「今早來到台中地方法院（檢察署），為在今年二二八事件前夕向二二八元兇，世紀殺人魔蔣介石銅像潑漆案出庭。在此要特向台中地區僅有的人權律師陳武璋律師致謝！

陳武璋律師早年就是中部地區有名的人權律師，發生在中部很多政治案件都是由陳武璋律師義務辯護，他的義舉讓人欽佩。

本人這次案件，陳武璋律師不但是義務辯護，還在辯護過程從歷史切入，對『世紀殺人魔蔣介石』之論述，真讓人為之動容，不愧是人人稱敬的人權律師，最後只有一句話：陳武璋律師感謝您，愛台灣有好報。」

律師義務為政治受難者辯護的案例並非首例，辯護後轉而從政的更不在少數，但像陳武璋這樣三十年如一日，而且堅持不從政、不擔任黨職（他在1992年就參加民主進步黨）的人可謂絕無僅有；而且他的關懷層面很廣，包括對天災人禍受害者，例如發生在1995年的衛爾康餐廳大火事件；台中市九二一大地震時大樓倒塌求償案件，以及八八風災五部車掉進往水里方向的台16線斷橋，造成15人死亡事件等；他尤其對於原住民所遭受到不平等的對待出力最多，所有這些弱勢朋友的案件，他一律不收費用，導致律師事務所的同仁增加很多負擔，有時難免抱怨，久而久之同仁卻被他那種發自內心疼惜弱勢的情操所感動。

1991年由陳婉真及林永生等人在台中發起的台灣建國運動組織案，最激烈時曾發生台建人員對警察當街投擲汽油彈，並導致二千多名鎮暴警察包圍台建組織，台建人員誓死反抗的事件，陳武璋和田再庭及邱太三三名律師擔任台建的義務辯護律師，法庭上陳婉真背對法官並向法官嗆聲：「這種法庭只配我用屁股對著你們！」那一幕也令陳武璋印象深刻，「在雙方對峙過程，我也因而更加了解早年抗爭者的理想與抱負，這是我擔任義務律師所能吸取的人權養分。」陳武璋說。

影響他最深的是他唸台大時的教授李鴻禧的一句話，李鴻禧說：「愛台灣，很多人都會說，你們如果真的愛台灣，一定要先了解台灣，你們要經常到處去看看什麼是真正的台灣。」加上他自己對鄉土文學與報導文學的喜愛，例如王禎和的《嫁粧一牛車》及黃

春明的小說等，在在顯現對土地與底層人物的關懷，這些也都是影響他很深的書。

來自澎湖七美的陳武璋，畢業後選擇在台中開業。「我的想法很簡單，讀書人應該深入基層，才能真正了解基層的痛。」所以有人當律師是在事務所的辦公桌上貼著諮詢費每小時五千元的牌子，陳武璋當律師是每個村里深入去了解，他至今還是經常騎著摩托車奔走於台中市的大街小巷。

因為他的機動性強，又很熱心助人，「頭十年，幾乎每有選舉，都有媒體猜測我會出來參選，因為沒有律師是這樣經營基層的。」

陳武璋說，他其實只是在實踐李鴻禧老師的教誨，他看到社會太多弱勢者的無奈，早期是本土爭民主的運動很弱勢，隨著民進黨的勢力日漸穩固後，他發現最弱勢的是原住民，因此他決定自我定位為第二線的支持者，並且以他的律師專長來幫助弱勢，就這麼一幌三十年過去了。

過程中有沒有受到威脅，或是感到無力的時候？

「當然有，第一是覺得如果有多一點人一起來做，一定可以做得更好，譬如九二一大地震後，台中市有46棟大樓倒塌，以我的能力，只能接兩棟，過程中難免有人會來關說，我總是拜託他們：『請把所有的力量釋放給災民吧。』那時如果有更多律師站出來，我相信會有更多災民受到較合理一點的對待。」

讓他最感無力的是碰到原住民朋友的問題。有一次，一群原住民朋友來請他協助討回清境農場，這事讓他深感抱歉，「我真的不知道要從何做起，因為這不是法律能解決的問題啊。他們要討回清境農場，那麼福壽山、武陵農場又能如何？那些都是原住民的土地沒錯，但這已經是政治問題、是現在很熱門的轉型正義的問題了，這哪是我一個小小律師所能解決的？我對他們真是萬分愧疚，因為我無能為力！」

義務律師團　挺縣府拒發台化許可證

△ 2016 年 9 月間，彰化縣民反台化在市區設的汽電共生發電廠運動中，陳武璋（右二）也沒缺席，擔任義務律師團律師，官民合作，雖然中央壓力不斷，縣府最終決定拒發台化燃煤許可，結束台化在彰化市五十年的污染。

　　雖然很孤單，有時也很無力，他還是會繼續做下去，「我們眼見這個土地上有這麼多的苦楚，咱會嘸甘哪。」從嘸甘到實際對弱勢者伸出援手，陳武璋讓我們看到原來學的是冷冰冰的法律，也會有熱血熱情的律師，那是弱勢者最堅強的後盾，也是社會最溫暖的光與熱。

（原載2017.6.22.民報）

火炎山上的柔情鐵漢
——陳文輝和他的華陶窯

陳文輝一生中所經歷的酸甜苦辣、生離死別、跌宕起伏，少有人能超越，他安然走過，型塑出來的，就是在苗栗火炎山上屹立30多年，還是有很多人想一去再去的「華陶窯」。

初到華陶窯，你會為樸實無華的鄉間，有這麼一個場景感到驚嘆。它不華麗，卻很沉穩；它不做作，卻很吸引人；它依山勢而建，和鄰居的土角茨和諧相處；原本的大榕樹保留著，土角茨破落了，卻和大榕樹相生相容，彷彿古早時期的鄉間景色，現在卻只能在這裡看到；它充分和周遭環境融為一體，卻很脫俗；它細膩到任何一個小角落都會變成讓你忍不住拿起相機拍攝的好景點。

提著皮箱跑遍全世界

華陶窯原本是陳文輝為太太陳玉秀而設的窯場。因為陳玉秀研習「草月流」花藝，基於「惜花連盆」決定自己創作花器。

陳文輝自己早年在台中經營腳踏車外銷事業，他是1970年代所謂一句英文都不會講，卻敢提著一只007皮箱跑遍全世界，創造台灣「經濟奇蹟」的台灣商人之一。但也因外銷加拿大的自行車，銷售量因該國加徵反傾銷稅而受挫，讓他深感「弱國無外交」的悲哀，進而挺身為黨外。

他在美麗島事件前，就不斷贊助黨外活動；美麗島事件後，更積極參與各項不公不義之抗爭運動。他甚至舉家遷回苗栗苑裡故鄉，投入選戰，透過選舉宣揚理念。

「花、陶、窯、空間美學」是他中年事業的轉化；在毗鄰火炎山、俯視大安溪的山坡地和幾間土角茨，兩夫婦從無到有，太太做陶燒柴窯，他在周遭栽植原生植物與景觀營造。

一開始他就心存「斯土有情、敬畏自然」的心意就地取材，以大安溪的溪石、電線桿木和紅磚，與擅長砌石的老師傅，用代代相傳的「疊石工法」打地基，做駁崁；用本地特產「苑裡磚」打造矮牆與步道；當日治時期的苑裡庄役所（鎮公所）、農民組合（農會）的老建築拆除改建時，他把日本引進台灣的「文化瓦」買回來再利用。

陳文輝從未受過正規學院美學教育，但他所建構出來的園林窯場，以及後山的原生植物園，卻深深打動許多訪客的心，一磚一瓦、一樹一木、一陶一石，隨著歲月的滄桑，訴說著窯主對這片土地的熱愛與呵護。

熱血青年衝撞體制

解嚴後的那幾年，台灣各地開始有零星的各類抗爭事件，苗栗縣部分，包括苗栗客運勞資抗爭、鯉魚潭水庫徵地抗爭、反後龍工業區開發抗爭、三義三角山開放砂石開採抗爭……陳文輝都是「首謀」；1998年520農民北上抗議事件，他也是苗栗縣總指揮。在此之前，他也曾參與多次地方選舉，皆告落選。

在政治圈裡，陳文輝最為人津津樂道的是，他創下台灣民意代表在獄中當選的首例。

事緣於1985年省議員和縣市長的選舉，原新竹市長施性忠因為一連串的反國民黨抗爭而聲名大噪，卻因而被判刑無法參選，施性忠推出妻子莊姬美參選省議員，弟弟施性融選市長。陳文輝登記為莊姬美的助選員。兩位候選人在選舉期間造勢宣傳活動都合併舉行。

開票當晚，競選總部得知莊姬美當選省議員，但施性融的票一直開不出來，支持者紛紛跑到總部詢問，因為照理選民會投給莊姬美的，市長票就應該會投給施性融。

眼見湧到總部的人越來越多，陳文輝拿起麥克風告訴群眾，想

瞭解投開票情況的，請大家到設於市政府的選委會，群眾改而到選委會前抗議。

隔天報紙大篇幅報導，指陳文輝是「新竹滋擾事件首謀」。陳文輝北上找康寧祥、江鵬堅、鄭南榕等人，研商如何後續，鄭南榕要他先來住他家頂樓，《時代雜誌》1985年12月2日出版的總號第97號週刊，特別以陳文輝為封面人物，標題就是「國民黨殺雞儆猴？陳文輝全台唯一『有罪』的助選員」。

獄中當選苗栗縣議員

隨後被通緝的陳文輝，難逃命運的安排。巧合的是，全國縣議員選舉登記日，與地檢署傳票之出庭日為同一天，他上午辦好候選人登記，下午出庭後即被收押，並被判刑兩年。

選舉期間他的太太陳玉秀代夫拜票，黨外人士顏錦福、蘇治芬在群眾演講中，當面把選監人員開立的「候選人未到場不得演講」之警告單撕毀。最後一夜，由讀國中的長子，在台上唱一首「阿爸的便當」，現場氣氛沸騰到最高點。投票結果陳文輝以全國最高票，在獄中當選苗栗縣縣議員。

由於陳文輝登記時尚未被判刑，他的當選讓國民黨很頭大，雖然他只服刑一年九個月即予以假釋出獄，依法必須在服刑期滿後才能就職，所以他那一屆只當了兩年的縣議員。

兩年刑期不過只是輕刑犯，陳文輝被收押時，即被釘上腳鐐，直到立法委員許榮淑去探監，看他走路怪怪，才知道他受到如此對待，經立法委員江鵬堅在立院緊急質詢，他的腳鐐才被拿掉。他倒不以為意，興緻一來時會問：「你知道銬腳鐐時怎麼穿褲子嗎？」

因為他一直深懷理想，1987年出獄後，便是直奔民進黨中央黨部宣誓加入民進黨。

民進黨成立後，他當選第三屆立法委員。陳水扁執政時，他亦被延攬為行政院顧問。「曾經是衝撞威權體制的熱血青年，多文化

相融的在地生活美學是我重燃生命激情的志業。」陳文輝這樣形容自己。因為政場涉入越深，就知道早期的開拓者只有兩條路，一是當烈士，另一種就是縱橫捭闔公職終老。陳文輝於是選擇重回他的華陶窯。

「沒甚麼可怨嘆的啦，想起多少前輩為了台灣的前途被殺、被關，我只不過關了一年多，哪算什麼！」人生過程中，他經歷過太太出家、自己罹患肝癌開刀、窯場在拓墾中每個階段的經營困境，他一一安然跨越。「那就像『轉大人』，轉有過啦！」他只是如此輕描淡寫的說。

▽萬年民代時期，由民進黨發起的「國會全面改選」街頭運動，左起：國大代表吳哲朗、陳文輝、民進黨台中市黨部主委陳博文，及後來擔任立委的劉文慶。

含蓄靦腆又愛哭

　　眾人眼中，他總是活潑爽朗。但其實，他含蓄靦腆又愛哭，是個外溫內熱的多情人。出獄回到家鄉苑裡火車站前廣場，與數百名歡迎他回家的鄉親一一握手致意，隊伍中一位歐巴桑突然伸手撫著他脖子說：「僥倖喔！這麼緣投的囝仔，那會給咱掠去關！」原本感恩肅然的臉，剎那崩潰而大哭。

　　他也曾在同一天內，碰上早上太太決定出家皈依佛門；夜晚時分，留學義大利的女兒，從國外打電話回來說：「感情成熟，要結婚啦！」那一天，他為生命中兩個最愛的女人逕自的決定，喝得爛醉而後嚎啕大哭……最後拭乾眼淚說：「哭過的月色很美！」

　　他這幾年學看易經，對生命的體悟更深。「我現在經營華陶窯的心態不是要賺多錢，而是儘可能透過這塊土地與歷史軌跡的多文化相融，創造一個屬於「在地」生活美學的典範！」陳文輝雖已年過七旬，卻依舊充滿熱情：「身為先行者要創造風範，讓後進有軌跡可循！這就是我現在在做的工作。」

（原載2017.3.14.民報）

DPP 圓山創黨的甘草人物李金億

　　無論是三兩好友相聚閒聊，或是一場大型的演講會，只要有他在場，麥克風在他手上，不出五分鐘，他就能把全場的注意力吸引來聽他「話仙」。

老師的耳光，種下他反國民黨的因

　　他的講話內容葷素不拘，上自國際大事，下至鄉間生活瑣事，都能說得生動有趣。「我沒什麼專長，人長得矮，學歷不高，家無恆產，所幸上天賜我這張嘴，還有就是太太的不離不棄，我參選市議員落選四次，她在背後默默支持，至今家庭美滿，我就很滿足了。」李金億說。

　　1948年出生於桃園的李金億，兩歲以後移居基隆。明志工專畢業後，跟著教授從事拉鍊生意，為了這家現在仍是全國最大的歐帝拉鍊廠在台南拓展業務之需，他搬到台南，從此落腳台南。

▽李金億夫婦和二女兒合照。

「我讀小學時，林番王參選基隆市長，父親每場政見發表會都不會錯過。聽完演講帶回來的傳單，我就拿到學校給同學看，老師一看到林番王的傳單，重重打我一個耳光，這個耳光種下我一輩子罵國民黨的因，罵到它倒為止，也算罵夠本了。」李金億說。

1986年9月28日黨外人士在台北圓山大飯店開會。李金億也參加了這場創黨大會，「會前根本沒有正式的通知單，是顏錦福南下，手上拿著一張小紙條，見面時讓每個人瞄一眼，大家心照不宣，就去了。」

那時朱高正是民進黨的「戰神」，他參選雲嘉南大選區的增額立法委員時，李金億為了幫他助選，在北港演講會的衝突中，被打到腦震盪。那個時代的反國民黨運動中，被打到頭破血流是常事。

李金億那時參加黨外公政會（黨外公職人員公共政策研究會），在台南是由省議員蔡介雄為首的組織；另一個以「新潮流」為主的「黨外編聯會」則由黃昭凱領軍。早期「新潮流」標榜反對公職掛帥，認為參選公職就會淪為地方山頭派系。

演講趣味橫生，警察替他著急

李金億回憶第一次幫候選人助講時，為了壯膽，先栽一瓶雙鹿五加皮下肚後，開始侃侃而談。那時陳文成事件，以及更早的林宅血案都無法破案，陳文成的父親陳庭茂為了兒子的冤死四處抗議，李金億就講這個故事：

「陳文成出殯前，『土公仔』要陳老爹（黨外人士對陳庭茂的稱呼）拿一把掃帚，對著棺材敲三下，這是民間習俗，表示兒子不孝，讓白髮人送黑髮人。陳老爹再三舉起掃把，就是敲不下去。『明明阿成是被害死的啊，怎麼說他不孝？』老爹猶豫再三，土公仔在旁邊又一直催，彼當時，忽然間一片烏雲罩頂，陳庭茂拿起掃把，把敲向棺材的那一擊，改敲自己的頭，邊敲邊喊：『阿成啊，不是你不孝，是他們謀殺了你啊……』」李金億說著說著，台上台

下哭成一團——故事其實是李金億自己編的。

最近他女兒在整理他早年的演講錄音帶時，讓他又回想另一段往事。

林義雄母親和雙胞胎女兒被殺事件，明明林家24小時遭到監視，大白天會發生滅門血案，是誰做的大家心知肚明。李金億在演講會上就這樣說：

「八大情治系統24小時監視的林義雄家，發生這樣的事，究竟誰有辦法進去殺人後又神不知鬼不覺的離開？當然是『內場』的！要一路往上查的話，最有嫌疑的就是調查局長、警總司令、國防部長，再不就是總統蔣經國，可是聽說蔣經國也很震驚，還要懸賞五百萬元，那就只剩下一個人了……」

李金億故意頓了頓，「沒別人啦，就是蔣孝武啦！他是四海、竹聯的幫派老大。殺人的早已送出國啦，情治單位再厲害也找不到人啦！」

當天晚上，管區警員專程到他家，要他太太趕快收拾簡單行李，帶兩個年幼女兒回永康娘家暫避鋒頭，因為警員不希望他的轄區裡面出人命。

太太當然又怕又氣，李金億的妻舅頭一次知道他涉入那麼深，家庭革命在所難免。「我告訴太太說，我有四個哥哥，萬一我出事，兩個女兒請哥哥們代為照顧；太太還年輕，可以再嫁。結果惹火老婆，鍋碗瓢盆齊飛……」所幸太太慢慢感受到他所做所為是對的，後來成為他最堅強的後盾。

競選哲學：用那些土糊那片壁

早期越是基層選舉，越是容易被傳統地方派系掌控，幾乎沒有民進黨人參選的空間。李金億在明知當選希望渺茫的年代，連續四次參選台南市（當時是省轄市）議員，四次皆告落選。

「所幸我每次選舉都秉持一個原則，既是要服務地方，能募得

多少錢，就用那些土糊那片壁，競選總部也都由熱心人士提供。每次落選夜，在一片淒風苦雨中，太太總是趕緊把總部清理乾淨。她說人家是無償提供給我們使用，我們早一天還給屋主，好讓他們早一天可以使用。」「那種心情，現在回想起來，還是很淒涼。」

　　正當他決定放棄參選之路時，1995年國大代表選舉，台南市安南區找不到候選人，民進黨徵召他參選。「我對安南區很陌生，拜訪選民時也不敢去問檳榔攤。萬一傳出去說李金億還要去問路，那我還能選嗎？」結果那次他當選了。

在群眾運動中，經常可見李金億不畏國民黨武力脅迫，登上蛇龍拒馬演說鏡頭。

△李金億競選國代的傳單（李金億提供）。

長期投身地方選舉，經濟情況可想而知，所幸他在國代任內有比較穩定的收入，後來又擔任民進黨立院黨團辦公室主任、行政院南部辦公室副執行長，以及陳唐山國會辦公室主任。雖然到現在還要繳房貸，總算女兒都已成人，一家和樂。

「民進黨能有今天，早年冒著生命危險相挺的很多街頭戰友，生活都不是很好過，現在全面執政了，希望黨還能記得那些早年的戰友，不要吝於給他們一點溫暖與一份感念。」這是李金億目前最大的心願。

（原載2017.2.3.民報）

△▽民進黨成立時，許信良在海外發起「遷黨回台」，並在海外公開召募黨員，後來改名為「台灣民主運動海外組織」，仿照台獨聯盟不定期邀請台灣各地基層黨工前往美國。李金億受邀赴美，上圖為與許信良合照，下圖為行程結束後自行前往紐約聯合國廣場所攝（李金億提供）。

台灣人民今日的危機感，主要是來自對岸的威脅，主權獨立新國家的建立，並加入聯合國，已是迫不及待的當務之急。

李金億沉思於紐約聯合國廣場

黨證第 15 號黃山貞

他是旗山窮苦工人的子弟，戰爭期間出生，戰後看盡國民黨來台時的胡作非為，起初把希望寄託在中國共產黨，「因為只有共產黨有能力打倒國民黨。」他把自己努力創業的店名叫作「新華」，卻因此差點成為白色恐怖受難者。

他叫黃山貞，「無學歷、無財產、無社會地位」是他在訪問中多次提及的自我描述。朋友的眼中，他是「無所求、無怨悔、全力付出的無名英雄」，他是民進黨台中市黨部成立迄今始終堅定不移的、一輩子的建國運動者。

會從崇拜「新華」的統派，到主張建國的獨派，原因是早期國民黨勢力太強，他能想到的只有共產黨能把國民黨打倒，「因為對台灣人太沒信心。」他說。

△民進黨成立一週年黨慶（黃山貞提供）。

八兩黃金買三斗米

「我的父母都不識字，我有一個大兄，在小學5年級時生病過世了。父親很傷心，因為他是長子，那時地方習俗是父母要為兒子準備結婚的『娶某本』，稱作『三八仔』，就是要準備8兩黃金、8百斤餅，還要準備8百円。父親好不容易存夠買8兩黃金的錢，先存在『組合仔』，想不到國民黨來了之後，把日產全收歸己有，不但有些錢拿不回來，為大兄準備的8兩黃金的錢，由小學畢業的大姐去合作社領回時，因為碰上『四萬換一元』，只能買3斗米。」

「小時候聽母親講這種事時，她總是認命的說，沒辦法，這是窮苦人家的宿命。長大後越想越覺得，這根本是統治者的問題。」黃山貞說。

他的父親在他5歲時就過世了，母親獨自撫養他及4個姐妹，不得已把不到兩歲的小妹送給一位親戚，想不到親戚家的主婦沒有能力撫養，小妹因營養不良及脫肛生命垂危，親戚把她送回來，所幸大姐靠著到山上採菅芒抽莖（製作掃把原料），賺了5角，找到一位「赤腳仙仔（密醫）」，竟然治好了，小妹的命才被救回來。

他的父親是裝香蕉外銷的工人，母親則以抽香蕉絲作為織布原料賺取一些工錢，所幸還有一間遮風避雨的竹管厝可住。他記得鄰居和他們情況差不多，鄰居打算賣掉房子換點現金，希望生活過得好一點，想不到也是碰到台幣大貶值的「四萬換一元」，等過戶手續辦好，房子等於免費送人，「我就看到有鄰居因為受不了刺激，發瘋了。」黃山貞說。

他也目睹大姐因所託非人，一輩子痛苦過日子，左鄰右舍不但不同情大姐，反而對他們一家指指點點，讓他深感男女不平等的痛苦。

讀小學時，他曾感染當時流行的瘧疾，窮人家沒錢就醫，他只記得當上課中全身發冷時，真想趕快下課到外面曬太陽，「你不知道，全身發抖時曬到太陽的感覺，那種舒服感，我到現在都還記

得。」他說。

起家厝在眷村

　　服完兵役後，他到台中投靠嫁到眷村的三姐。三姐安排他和另外兩人合伙，其中一人是大陳撤退來台者提供技術，他和另一位合伙人各出資3萬元，從事珠繡製鞋業，想不到不到1年，技術股股東捲款逃走，讓他揹負巨額的負債。

　　「那時的3萬元對我而言簡直是天文數字。為了還債，我只好把學得的技術自己在家刺繡製作繡花鞋，每做好幾雙，就拿到樂舞台（戲院）對面的『賊仔市』去寄賣，定期去收錢，再以所收到的錢買原料繡鞋。」

　　那個時代珠繡所需材料，都要從法國進口，製作出來的算是高級女鞋，在賊仔市每雙賣1百元，屬中上價位，生意很好。他就這樣，由一人公司，到請眷村婦女幫忙代工，到後來生意好到幫他代工製鞋的家庭遍布全台。

　　他原本想存錢買房子，卻是每存到一定額度時，房價又上漲了，他因堅持不負債、不借錢，只好先在姐夫住的眷村買了一間沒有權狀的房子做為他的「起家厝」，生意穩定後才開始置產。由於台中是鞋業外銷的大本營，他的珠繡女鞋在歐洲很受歡迎，在台灣經濟起飛的年代裡，靠著他的努力，經濟情況大為改善。

　　1973年間，他因常和友人及客戶在言談中抱怨時政，例如說國民黨選舉買票、做票，還盛贊中華人民共和國已經有能力製造原子彈，遭人檢舉，一天中午被一群不明人士「請」去訊問，訊問者分別扮黑臉及白臉，強逼他寫自白書、悔過書，他想到家中有身體情況猶如風中殘燭的母親，只能乖乖照寫，臨走前對方再加碼要他寫切結書，切結當天的事回去後不得讓任何人知道，否則後果自負。

　　就是這件事讓他真的被嚇到，否則美麗島事件司法審判可能又會多一個人。但事後想想，他自覺就是因為自己書讀得不多，只會

想到怕母親擔心，無法想到更高層次的問題，所以後來林義雄家命案發生，他感同身受，所有和林義雄有關的抗爭，他必定全程參與。

林義雄在林宅血案後一度獲釋，不久又被捕，理由是說他遊山玩水。「家裡受到這麼重大的打擊，誰也知道那是他們幹的。林義雄為母親及雙胞胎女兒尋找墓地，竟被說成是『遊山玩水』，我看了都會掠狂！」那時他的經濟情況不錯，母親已過世，他又看到美麗島事件所有受難者財產不再遭受沒收，讓他感覺自己即便全力投入也不會連累家人。但他還是自責說，以前的政治受難者明知會遭受那麼多的苦難，他們還是義無反顧去做，相形之下，他自己遠遠不及他們。

或許基於這樣的自責，他從黨外公政會開始就積極投入，因此，民主進步黨成立時，他們沒有經過宣誓，自然成為黨員，黨證是台中市黨部核發的第15號黨員證書。

對鄭南榕深感抱歉

鄭南榕也是他很敬重的人，但在1987年民進黨舉行第二次全國黨員代表大會時，鄭南榕因為到會場散發陳隆志的《台灣獨立的展望》一書，和朱高正發生流血衝突。當時黃山貞認為鄭南榕不是民進黨員，卻跑到民進黨的場子裡和朱高正起衝突，比較不恰當，隔很久以後，他才發現鄭南榕果然是先知先覺者，對於當時會有那種想法，他至今還感到對鄭南榕很抱歉。

在數不清的街頭運動中，他被打得最兇的一次，也是由鄭南榕和陳永興及李勝雄發起的推動二二八和平紀念日活動，在遊行隊伍聚集到彰化縣政府前廣場時，突然被一群便衣及保警等圍毆，他只記得自己抱著頭，任那些暴警或踢或打，打到衣服都破了，全身多處破皮，勉強站起來時，看到鄭南榕也被打得眼鏡不見了。

△黃山貞參加林義雄母親及女兒葬禮（黃山貞提供）。

△抗議警察暴行任糾察隊（黃山貞提供）。

遇到這種事，他都自己吃吃傷藥，也不敢讓太太知道。那個時代大抵每個上街頭的人都要做好被打、被噴水柱的心理準備。但他卻更因此堅定的走上街頭：「就是因為我們的人不夠多，他們才敢這樣打我們，更多人走出來，他們就不敢胡作非為。」這是他的信念。

他的住家更是只有圈內少數人知道的藏匿人犯最佳場所。黃華第四度被捕前，很長一段時間都藏在他家；台建組織重要逃犯也是他負責接送及藏匿。那時他已經豁出去了，他總是告訴太太及女兒，他出門時，就當作人走失了，能回來就算是又撿回一命。他是抱著這樣的心情在從事反國民黨運動。

轉眼間，這些都已經是陳年往事，當年他們流血流淚所爭取的，有的已經達成，有的還很遙遠。「要建國很簡單，更多人站出來就是了。」黃山貞說得容易，因為他走過很長一段看不到希望的年代，他不再寄望於某個政黨或團體，「只要全民都有共識，我們就成功了，而這也是任何人都無法逃避的責任。」值得深思的結論。

（原載2017.1.31.民報）

△綠色的旗升上天（黃山貞提供）。

△早年民進黨黨慶是這麼簡樸（黃山貞提供）。

△台灣的民主化過程中，黃山貞是最基層黨工的典範。早年為了推動民主流血流汗，最危險的地方他們走在最前面。很多老同志後來變成老朋友、老鄰居，彼此互相照顧。

△左起黃山貞、花蓮縣議員劉曉玫的父母劉扶元夫婦、民進黨台中市黨部第一屆幹事黃玉珍的夫婿鄭正昌，大家購屋在同一社區，互相照應。

再見了，台獨匪類陳聰結

　　他是來自田尾「紅毛社仔」的平凡人家子弟，考上彰化中學時是鄉間大新聞。

　　文化大學哲學系畢業後，順利回鄉，在鄰鄉的社頭國中教書。如果安安分分當個教書匠，早已爽領18趴，他和家人過的會是截然不同的人生。

　　他的政治啟蒙老師是社頭農民作家潘榮禮。潘榮禮雖然只有國小畢業的學歷，他靠著自修以及對於寫作的濃厚興趣，很早就在文壇享有一席之地。尤其在戒嚴時期動不動就因文章惹禍上身的外在環境下，他以嘻笑怒罵的方式寫了很多令當政者哭笑不得的文章，博得「台灣包可華（美國幽默專欄作家）」的美譽。潘榮禮的夫人蕭燕也在社頭國中任教，兩家成為一輩子的莫逆之交。

　　美麗島事件過後，潘榮禮在黨外人士幾乎全數被捕後，獨自出馬參選農民團體立法委員，這在當時是明知不可而為之的冒險行為，因為農民團體立委的選區涵蓋台澎金馬，又無法取得具有農會會員的農民名單，根本是一場不知選民在哪裡的選戰，加上美麗島事件後的肅殺氣氛，潘榮禮堅定參選的理由只有一個：「不能讓國民黨看衰」，結果可想而知是落選了。

　　隨後美麗島家屬紛紛參選、民進黨成立，一連串反國民黨的抗爭過程，讓在國中教書的陳聰結越來越無法安於教職，他開始積極參與，終致決定辭職投身政治。

　　早期民進黨黨員以中下階層居多，特別是在鄉下，像陳聰結這種國中教師又能言善道的人才不多，幫候選人助講時，每每吸引學校運動場、廟口、市場等演講會場滿滿的人潮。

那可是還沒有言論自由的年代，一定要正式登記的助選員才能上台助講，整場演講會全程錄音錄影蒐證，還會有選監人員在旁，一聽到「不當言論」立即舉牌，有時還要在鎮暴部隊的盾牌前演講，氣氛超恐怖，陳聰結就曾因為在演講中大談台灣獨立，和其餘9名黨員遭到起訴，那時公開談台獨屬內亂罪，是唯一死刑，幸因多位律師的協助獲判無罪，而「彰化台獨十大寇」的名聲，一時之間舉國皆知。

在彰化縣參政還有另一個危險，萬一對手具有黑道背景，隨時可能被打得頭破血流，你休想警方會幫你「除暴安良」，前總統府國策顧問謝聰敏回鄉選國大代表時，就曾被他的小學同學洪清良（法官洪英花之父）派手下打得頭破血流，還向謝聰敏的支持者嗆聲：「誰敢進入二林地區來聲援，絕對讓他直著進來，橫著出去！」後來民進黨還是發動全國各地人士前往聲援，警方唯恐事情鬧大，全程加派警力戒護下才和平收場。

△彰化街頭兄弟台北遊行，右四為陳聰結。

　　陳聰結目睹那樣的政治環境，他不但挺身支持民進黨的候選人，也經常北上參加各種街頭活動，並被當時形象清新的「新潮流系」吸收，成為新系在彰化縣的明日之星，果然當選第13屆彰化縣議會議員（1994~1998）。

　　陳聰結的大姐長期從事關懷弱勢的社福工作，他甫當選縣議員，大姐很嚴肅的告誡他：「你擔任民意代表，是我們家族的光榮，你千萬不能做出任何有辱家門的事情。」陳聰結謹記在心，連一般人視為平常的所謂「議員配合款」小型工程，他也絕對不碰。

　　他很認真的學習當個好議員，尤其對於預算書的審查，他特地找省府的朋友幫忙，教他怎麼審預算，質詢時炮火也相當猛烈，即便是外號「笑面虎」的前縣長阮剛猛，看到他都客氣三分，並特別告訴他有任何問題都可以去找他協助，陳聰結從不理會。

　　那時還是台灣經濟起飛的年代，對於一些環保議題，多數民意代表均抱持敬而遠之的心態，以免得罪選民，只有陳聰結不畏惡勢力，揭發多起污染工廠的案例；他也堅持不收受任何「回饋金」，一屆議員下來，經濟狀況日趨拮据。

　　他在參加新潮流內部會議時，發現新潮流某些做法和他的理想不同而提出質疑，從此即被摒除於核心之外，在他競選連任時，也因無法獲得派系的奧援而告落選，一度幾乎呈三餐不繼的慘境，多虧他的夫人卓婉瑜女士默默撐起教養一對子女的責任，並默默帶著子女搬到台中。

　　倒是當時的省長宋楚瑜在得知他落選時，說他是不可多得的人才，主動找他到省文化處任職。那時已經得知即將精省，文化處特別趕在精省前完成「省立歷史博物館（今國立台灣歷史博物館）」的籌備工作，剛好讓陳聰結利用他過去在民進黨人脈，以及街頭運動的衝刺精神，短短幾天之內，從中興新村到台北立法院尋求支持等，終於讓他完成不可能的任務，其中有一位民進黨新系立委看到他去遊說時，直白的說不會支持他，陳聰結繞過他繼續拜託其他多

位立委，還是讓他成功推動史博館籌備預算在立院通過，這是他一生中最常津津樂道的事，諷刺的是，當初揚言不讓該預算過關的那位立委，後來卻在史博館正式成立時，以文建會主委身分前往剪綵。

　　精省後，陳聰結又失業了，也無法回校教書，有時做些直銷業務，也曾一度到中國。地方上甚至傳說他窮困潦倒，經常在菜園旁向農民索討蔬菜裹腹。這樣的傳聞讓他深受打擊，近年雖然生活難過，卻時時努力想要衝刺一番事業，一方面證明那些傳聞是謠言，一方面也想彌補以往對家庭的虧欠。

　　他力圖翻身的過程中，曾因精神不集中而出車禍，傷及腦部的語言神經，他依舊努力不懈，卻因言語都說不清，始終未能成功讓他堵住那些過往中傷他的人的嘴。

　　近半年多來他突然無法進食，只能吃直銷的保健食品，結果健康沒有保住，反而暴瘦十多公斤，終致無法行走，多次進出醫院，而於1/16因心肺衰竭離開人世。

　　啊，再見，聰結，在台灣的民主化過程中，你漂亮的走完你的一生，那些物質上的困頓，掩飾不了你精神上的豐盛與飽滿，感謝你留給社會一個剛正不阿的典範。

（原載2017.1.19.民報）

畫出土地的心跳與抗爭的史詩／陳來興

　　知名畫家陳來興要在故鄉開畫展了。這是彰化縣文化局第一次，而且不會再有第二次為他舉辦的畫展，展出台灣近三十多年來重大社會運動的畫作。

　　祖籍鹿港的陳來興，是美麗島事件以來，唯一一位敢於畫出人民的抗爭、社會的創傷的畫家，美麗島軍法大審、520農民運動、鄭南榕自焚……，他含著眼淚，畫出一幅幅色彩黯沉、憤怒之情躍然紙上的畫作，為了這次的畫展，主辦單位花了很多時間，向慈林基金會、鄭南榕基金會、紫藤廬、金石藝廊等單位借畫，因為陳來興自己身邊已經沒有那些早期的作品了。

　　發生於1988年的「520農民運動」，陳來興走在群眾中間，「走到一半我就離開了，因為這麼精彩的街頭對峙現場，我一定要把它畫出來。」陳來興跑到蔡有全家開始埋頭畫畫，邊畫邊哭，邊哭邊畫，他總共畫了150幅送給新潮流（以邱義仁、吳乃仁、林濁水等人為首的民進黨派系），林濁水對他畫作的評語是：「來興太善良了，畫不出鎮暴警察的凶狠。」

　　陳來興的父親早年在后里教書，他在小學4年級才搬回彰化就讀中山國小、彰商、國立藝專美工科，因為當時有個很奇怪的規定，商校畢業生不能考師大美術系，只能讀藝專美工科。畢業後任教秀水國中。

　　他在彰商的美術老師黃文德看他很有天分，常鼓勵他，也會買畫具送他並指導他畫畫，反倒是到了藝專，有些老師亂改他的圖，「台灣的美術教育整個是失敗的。藝術是自由的，藝術的真髓是要投入感情，畫出現實的生活，畫出當時的心情，畫出能讓自己感動的作品，而不是靠欺騙、靠遮掩，不敢面對真相。但是在那個時

代，國民黨的統治方式卻是只要稍微和他們看法不同，它就設法把你消滅，很多人為了自保，覺得投靠它比較方便，所以台灣哪有什麼美術界？多數是靠炒作，畫些風花雪月等和土地與人民無關的東西……。」

陳來興在2000年曾因腦溢血昏迷多日，導致語言及文字撰寫能力受損，還能對台灣美術界作出如此精闢的評論，可以想見腦溢血前的陳來興不只畫作動人，文筆之犀利更不在話下。

△陳來興中風前是畫家兼作家兼社會運動者；中風後因傷及腦部語言及寫作區，作畫時較細膩部分稍受影響，畫風大變，用色明顯較前明亮。他說因為感覺台灣有希望，所以比較快樂。他這次在彰化縣立美術館的展出，是唯一一次四處借畫展出早期街頭運動作品的難得展出，並有兩場講座。圖為陳來興畫鄭南榕。

秀水國中任教8年是他人生很痛苦的一段回憶，一位在大專就讀時就曾因頭髮太長，被警察抓去剃光頭；一位滿腔熱血的藝術家，勉強留在充滿虛偽、誤人子弟的國中教書教到退休，他覺得對不起自己的良心，只因為不想讓母親擔心，勉強教了8年書，所幸任教國小的太太林秀勉能充分了解，「我們的生活簡單，只要過得去就好。」在太太的同意下，他辭去教職，到台北當流浪漢。

他真的四處打零工，只要有工作就做，曾經賣過女性用品，也曾被派去清洗大樓外牆玻璃，第一天上工在30多層樓高時，他俯看台北，發現和平日在地面上看到的都市很不一樣，正感興奮，突然閃到腰，立刻被送到一位專治跌打損傷的師傅處，師傅要他忍住痛，喬一下就好了，果然師傅一動手，讓他痛不欲生，卻立刻就好了。

林秀勉說，來興是「天公仔囝」，一生中遭遇過好幾次車禍，又是閃到腰，又是腦溢血，竟能平安活到現在。

▽陳來興以他的畫美麗島大審作名片背面。

△陳來興畫妻子林秀勉。

或許應該說是上天對他熱心與善良的回報。早年民進黨公職人員參選者，多數要靠辛苦募款，陳來興不但捐贈畫作提供義賣，還親自到義賣現場義務幫忙，從南到北的選舉義賣會場，都可以看到他的身影。

　　他倒是特別感謝紫藤廬的周渝。周渝早在1970年代就曾幫黨外人士助選，雖然父親是關務署署長，周渝不但親身參與，也利用父親的關係，保護了很多落魄無依被國民黨追殺的黨外人士，陳來興、林濁水等人都曾被他保護過，因此，這次的畫展，特別選在12月10日國際人權日當天，有一場林濁水和周渝都會到場主講的講座，算是新局長就任4個多月來，最受到藝文界鼓掌認同的一項活動。

　　陳來興是天才型的畫家，他雖然花很多時間在走街頭，例如在90年代初，台灣教師聯盟成立後，他經常載著創會會長林雙不四處演講；又如林義雄的「人民作主基金會」時常舉辦的環島苦行；前不久在彰化市的反台化抗爭，他都全程參與。然而，他的畫作很多，題材廣泛，特別是他中風之後，畫風大變，用色比中風前鮮艷，畫家臉上的笑容也明顯較前多。「因為國民黨下台了，感覺台灣比較有希望，所以比較快樂。」陳來興笑著說。

　　陳來興的畫在市場上價位越來越高，但他還是一副藝術家不修邊幅的裝扮，整日檳榔不離口，若干存心不良的畫商，很容易從他身上騙取畫作，轉手獲取高額利潤。陳來興本人則依舊一付笑口常開，與世無爭的藝術家性格，兩夫妻的生活依舊簡樸，他最近還為林義雄的慈林新館提供巨幅畫作，因為林義雄為台灣民主的犧牲讓他永遠感佩，他也是慈林及人民作主的終身志工。

（原載2016.11.21.民報）

△陳來興畫林雙不。

△陳來興中風後畫的憲兵色彩明顯有別中風前的黯沉。

這對父與子——陳火爐與陳明秋

　　台灣人要知道自己的歷史，在課本上找不到。只能從個人傳記或家族史中去拼湊。又囿於「成王敗寇」的成見，要尋找歷史的真相，簡直難上加難。鹿港這對父子的故事，就是一例。

阿爸是接收菲律賓的「皇軍」

　　父親陳火爐，大正7年（1918）出生，高齡將屆百歲。1941~42年間被徵調當軍伕。那時日本氣勢正盛，台灣人中有不少人參加打支那的所謂「中國奉公團」，陳火爐說，那些人多半是志願的。他本人則是被鹿港街役場（今鎮公所）徵調的，目的地是菲律賓。他們是「特戰上陸」第三回，也就是日本攻佔菲律賓後，這些人再去「接收」菲律賓。

　　他們的任務包括清理戰場、修築戰爭中被毀的道路橋樑、搬運武器等後勤工作。他

△陳火爐、陳明秋父子與作者合照。

們從馬尼拉灣登陸，鐵路就在海岸不遠處，運搬物品很方便。

　　「日本人軍紀很好，佔領馬尼拉後，立刻聘用菲律賓人來做工，整頓市容，沒幾天秩序就全部恢復。所以中國人說什麼日本人打死孕婦、用刺刀刺兒童的頭等，那是不可能的事。」陳火爐說。

　　不久，美軍大本營巴丹島被攻陷，部隊隨後又去整頓巴丹島。「總攻擊時，日軍由越南等附近地區調兵支援。我們台灣軍很猛，一個人殺十五、六個敵人不手軟，尤其是高砂軍，美軍很快就被打敗。」事隔七十多年，陳火爐卻彷彿在訴說昨天發生的故事一般鮮活。

　　當時「接收」菲律賓的人士中，包括工廠，甚至是役場（公所），絕大部分是台灣人。他發現高砂兵和菲律賓人的語言可以相通。

　　在他們之後第四回被派去的，就是專門負責農場開墾的農民，帶的是鋤頭畚箕等農用工具，可以想見日本接收戰爭中取得的土地，安頓及開發的步驟井然有序，速度也相當快。

　　在菲律賓不到一年的時間，鹿港還有人募集勞軍團到菲律賓勞軍，帶了許多家鄉味食物，讓他們一解思鄉之苦。他的月薪是每月40円，算是相當高薪。

　　他們也穿國防色制服，在地許多人誤以為他們是軍人，對他們禮遇有加。還有人到海外當兵，回台時帶了很多藥，賣了不少錢，因此，那時很多台灣人想去海外當兵。

　　「接收」工作告一段落後，他們即回台灣，一度被派到板橋。據說總督府打算在戰時遷移到和萬華僅一河之隔的板橋一個廢棄礦坑，當時只靠渡船為交通工具，他們負責搭建橋樑。

　　陳火爐的日本兵經驗算是幸運的，回來後不久，他的哥哥就沒他的幸運，後來成為靖國神社奉祀的台灣英靈之一。

　　這些為日本人戰死海外而奉祀在靖國神社的彰化人，總數將近三千，至今在自己的故鄉無人祭拜，連個紀念碑都沒有。

兒子——街頭狂飆的戰將

　　陳火爐有9個子女，只有一個兒子陳明秋讀到大學畢業，在校時就熱衷政治，1970年代黃順興選立委時，他就開始幫黃順興助選。

「父親擔任農會小組長超過半世紀，他生平對農民最大的貢獻，就是爭取到把戰爭中被設為機場的農地放領給農民，所以農民相當感謝他。」陳明秋說。

或許從小看著父親參加農會選舉的心得，對於台灣的選舉文化，甚至是一些台灣人的陋習，他有比他同年齡人更深刻的看法。他知道他老爸選舉時，是以賣掉一隻大豬的錢來買票；謝東閔選省議員時，別人發味素，他是每票5元買來的。

他大學畢業後，正好碰到美麗島事件那個年代，他一頭栽入為美麗島受難家屬助選，也曾替黃石城助選。黃石城當選彰化縣長時，送了他10萬元算是答謝，他一口回絕。後來看到鄭南榕邊辦雜誌邊搞街頭運動，他就成為鄭南榕的頭號街頭戰將。鄭南榕把每個月從雜誌社支領的薪水，分一半給陳明秋，就這樣開始在街頭狂飆起來。

包括1986年的519綠色行動要求解除戒嚴、1987年的二二八和平日運動、1988年新國家運動、同年的520農民運動，陳明秋無役不與。他最記得1985年林正杰抗議司法不公，發動「向司法送鐘」行動前，一大群鎮暴警察荷槍擋在前頭，陳明秋故意挺身向前；林正杰趁警察忙於應付陳明秋時，把鐘一丟，開始當年著名的街頭狂飆運動，而贏得「街頭小霸王」的稱號。

陳明秋後來接受朋友勸說，和洪奇昌為520事件跑到美國避鋒頭一樣，他也到美國滯留了一段時間，參加台獨聯盟，並在台獨聯盟的機關報《公論報》工作了好幾個月。回台時，帶了很多海外的「禁書」給鄭南榕。

差點成為韓國的政治犯

返台過程中，他特別到日韓等國參訪。由於台獨聯盟世界總本部主席張燦鍙和金大中熟悉，張燦鍙介紹他去拜會金大中及參觀光州事變紀念碑，也曾拜會兩所學生運動最盛的大學，和學生交流座

談。那時剛好劉世芳學成要返國，和陳明秋約在漢城見面後一起行動。想不到陳明秋一下飛機，就被全斗煥總統的特務跟蹤，後來還被軟禁了兩三天；回台入關時，又因帶回太多禁書，受到刁難，經當時民進黨桃園縣黨部主委邱垂貞率隊抗議後，才得以順利出關。

「我參加那麼多場街頭運動，最大的心得就是要學會打就跑，因為跑得快從未被抓過，還曾為此被懷疑是『抓耙仔』。想不到這輩子唯一被抓，竟然是在韓國，這大概是台灣人中很少有的經驗。」陳明秋說。

△陳火爐珍藏的照片及信件（陳婉真翻拍）。

他更罕有的經驗是，多次參選，都沒選上。早期是因為以民進黨員身分參選省議員，當選機率本來就極低，算是犧牲打。最後一次是代表建國黨在彰化參選立委，卻被從前他的同志堅持控告到底。其中有一位告他「違反選罷法」成立，還提出200萬元的附帶民事賠償，他為此只得和老婆離婚，以免拖累家人。

　　這位控告他的黨外前輩，在他坐牢期間配偶參選時，陳明秋是少數敢公開支持他們的人；而他的配偶也是在該次選舉中唯一獲勝的人，有人勸對方鬆手，卻得不到任何善意回應。

　　陳明秋倒是看得很開，他在沒有參選也沒有街頭運動的時候，就從事和選舉有關的生意，包括選戰策略和選舉文宣品、旗幟等的製作，曾經賺很多錢，後來都揮霍光了。他是那種介於讀書人和草根運動者中間的類型，可以幫國民黨製作文宣品，把賺來的錢資助民進黨候選人；平日講話口無遮攔，讓後來轉換角色的當年同志很難接受，也因而難免對他有些負評。

　　而今回想起來，當年打壓他最不遺餘力的人，現在也成為權力的邊緣人，「所以人生很公平，人家說『囂俳無落魄的久』。而我父親當年花最多錢供我讀冊，現在他老了，我當然要回來照顧他。」已經沒有當年的銳氣，但那些時下年輕人不知道的狂飆過往，他樂意分享。

（原載2016.11.11.民報）

永遠的農運戰神——悼林國華

　　台灣農民運動史上最慘烈的抗爭「520農民運動」總指揮林國華，7月27日病逝，享年82歲。

　　許多人回憶起當年他帶領雲林農民北上抗爭，被打到頭破血流，送醫包紮後又直奔現場，繼續領導群眾抗爭，那畫面至今依舊令人感動。他的堅毅不屈與奮戰不懈的精神，永遠留在台灣人民心中，他是農民心目中永遠的戰神。

　　那是發生於1988年，剛好是政府宣布解除戒嚴的第二年；是蔣經國去世，李登輝繼任總統的同一年。

　　農經博士的李登輝在省主席任內提倡「八萬農業大軍」計畫，結果竟然是他就任總統4個月後，中南部的數萬農民大軍上街頭，鎮暴警察的警棍水柱齊飛，立法院的招牌頭一次被拆下來，北部地區民眾得知消息時，群眾越聚越多，尤其台北縣很多雲林人紛紛前來參與，警方把台北縣市各橋樑全部封橋，抗爭持續到次日凌晨，政府派出憲兵驅離民眾。

△ 520 總指揮林國華被打得頭部流血送醫包紮後，立刻趕回蛇籠前繼續指揮作戰。其實事發前幾天警方就放話一定要逮捕林國華（林國華家屬提供，陳婉真翻拍）。

△手無寸鐵的雲林農民徒步走下忠孝橋引道，國民黨卻誣指農民在菜車底下藏石頭及汽油彈等武器。

　　這次事件總計130多人被捕，96人被移送法辦，總指揮林國華等19人被依妨害公務罪判處有期徒刑1至3年不等，洪奇昌及陳明秋到美國「避難」半年多才回來，逃過牢獄之災。

　　原本的副總指揮林豐喜得知會抓人的訊息，臨陣缺席，在指揮車上的陳明秋臨時把副總指揮的彩帶，往擅長群眾演講的蕭裕珍身上披上去，蕭裕珍也因而被捕坐牢。

林國華是雲林縣古坑鄉人,是家中老三,從小成績優異,就讀台中一中時,和謝聰敏、施啟揚、李敖等人是同學。以他的學業成績,要考台大醫科沒問題,但他考慮到家中兄弟姐妹合計9人,明知父親無力支應讀7年醫學系的龐大學費;加上台中一中很多和李敖一樣的「外省」子弟常和他說,政府很快就會反攻大陸,屆時須要很多建設新中國的人才,他因此以台大土木系為第一志願。

林國華畢業後,去幫一家紡織公司蓋廠房,老闆賞識他的工作態度與能力,禮聘他為廠長,他一個人留在台北工作,囑妻子黃富美留在家中照顧兩老。

他和黃富美是姨表兄妹,兩人算是青梅竹馬,所以黃富美嫁到林家後,阿姨變成婆婆。

兩人的父親同是日治時期台南師範畢業生,都是地方上極為優秀的知識分子,但兩人的行事風格迥異,林國華的父親個性直率,戰後因厭惡國民黨那套貪贓枉法的文化,寧可辭掉教職回鄉務農,日子過得比較辛苦。

他的岳丈黃朝文也是行事一板一眼,曾擔任古坑鄉從官派至民選第一、二、三屆,總計14年的鄉長,並兼任鄉農會總幹事,後來因規定鄉鎮長不得兼任農會總幹事,黃朝文選擇辭去鄉長。

黃富美的弟弟黃仁勇說,他父親為了想替地方多做點事,雖然二二八事件中也曾躲了一陣子,後來仍選擇加入國民黨,因行事正派,成為國民黨在地方上重要的樣板士紳。

黃朝文任鄉長期間為了替古坑農民開發財源,鼓勵鄉民大量種植麻竹筍;等他專任農會總幹事時,麻竹筍盛產,為了打開竹筍外銷的出路,林國華回鄉幫岳父蓋農產品加工廠,從事蘆筍、洋菇、竹筍加工外銷,並擔任這家食品公司的總經理,不久當選古坑鄉農會常務監事。

他參選監事的過程也是農會選舉的創舉,因為他並不在國民黨規劃名單內,但林國華憑著誠懇的挨家挨戶拜訪,竟然讓他選上

了，而他也在拜訪選民過程中，頭一次深切了解農民所遭受的各種不合理對待。

這個常務監事可不是不管事的閒差，林國華是鄉裡少數看得懂預算的人，他很認真監督農會的運作。有一次理監事一起出外聚餐，餐後林國華要付帳，旁邊理事長說他要付，不久林國華看到收支報表，質疑為什麼餐費要由農會支付，從此古坑鄉農會的餐費不敢報公帳，每年光是交際費就替農會省下4百多萬元的開支。

林國華做事始終有他的堅持，譬如他任職食品公司總經理時，同鄉的政治受難者吳文就出獄後找不到工作，林國華不理會特務的警告，讓他到公司上班。謝聰敏出獄時，特務24小時嚴格監控下，林國華也為老朋友找到一份工作，這在戒嚴時期，都是隨時可能因而被捕或「被發生車禍」的。

他當立委時，有一次颱風天大埤淹水，林國華找來第五河川局總工程司作簡報，總工程司納悶現場為什麼沒有通知記者？林國華反問：為什麼要通知記者？接著巡視淹水地區時，水深及膝，吉普車過不去，他立刻找農民開來耕耘機涉水過去，把隨行人員拋在後面，獨自一人趕去勘災。

1991年，林國華剛出獄不久，在一天傍晚前往運動途中，被不明人士砍斷右手並砍傷雙腳腳筋，因為林國華本能伸出右手去擋，傷勢更重，醫師原本研判右手要截肢，得知傷者是林國華後極力搶救，終於把右手接回去，但已嚴重變形，無法使力，林國華在台中台建組織為他辦的記者會上說，歹徒砍斷他的右手，沒關係，他還有左手，他可以練習用左手寫字、用左手繼續對抗不公不義的事務，他果然說到做到，後來曾連任兩屆立委，並擔任過農委會副主委。

究竟是誰會去砍他？雲林地方人士心知肚明，原因之一是時任縣長的廖泉裕想藉開發工業區牟利，另一個原因是廖泉裕假補償之名與英泉牛奶公司串通，在發放補償費時以少報多或重複申報，林

國華極力反對因而被砍。

　　此案至今未破，廖泉裕的人馬還在地方放話中傷林國華，反咬他是勾結地方做些不法行為引來殺身之禍，時日越久，雲林人越清楚誰真誰假，廖泉裕是引進六輕到麥寮設廠的首謀，卸任後還經營垃圾回收場，以開立事業廢棄物進場證明牟利，果真是名符其實的「垃圾縣長」。

　　520事件雖然讓林國華飽嚐牢獄之災，事件過後政府做了很多重大讓步，包括肥料降價及自由買賣、農民保險條件放寬、提高稻穀收購價格等。高雄縣長余陳月瑛是全國率先開辦農民保險的先鋒，實施前她特地去向林國華請教實施方式，余陳月瑛原先的構想是先找幾個鄉鎮試辦，林國華鼓勵她不如立刻全面開辦，不久中央政府只好跟進，全國農民都受惠。

　　而今，林國華走了，許多人不一定知道他後半生為農民流血流汗的打拼事蹟，歷史也不一定會記載，畢竟農民是永遠的弱勢，但520農民運動所帶來台灣農業政策的改進，大家有目共睹。

△林國華右手被砍傷，左手繼續拿麥克風上戰車。

林國華的告別式定8月10日中午在他老家舉行，有時間的朋友何妨去一趟古坑，向這位台灣農運永遠的戰神上一柱香，向他做最後的敬禮。

（原載2016.8.1.民報）

△林國華在獄中親筆寫的520事件始末，破除國民黨説農民是暴民的指控。

△個性和父親一樣堅持的林慧如（後來擔任雲林縣議員及古坑鄉鄉長），520當天受強力水柱的沖擊，堅持留在原地不走（原圖取自《自由時代》雜誌）。
（林慧如坐在地上的照片是因為水柱太強，旁邊好幾個人被沖倒，但她堅持坐著不走。街頭運動的年代，警察看到她都很頭大，她曾有一次站在鎮暴警察面前四、五個小時動也不動，警察知道她是坐牢中的林國華女兒，不敢超越，減少許多抗議人士的皮肉之痛。）

翻轉台中老城區的播種者 ／楊宗澧

街頭與牢籠之間——台灣民主化的無名英雄

134

△五萬人上街頭時，楊宗澧負責教育部旁的副舞台主持（廖家瑞攝影）。

　　2014年的「318學運」，讓很多原本對政治改革已經死心的老一輩社會運動者活了過來；改變很多人對年輕一代是「草莓族」的刻板印象；改變了很多參與這場運動的年輕人的命運。

　　一向對政治漠不關心的年輕人開始積極參與各項社會運動，踴躍投票，柯文哲的當選、民進黨在九合一選舉的大勝，甚至總統大選的獲勝，導致國民黨成為國會少數黨，這許多從前無法想像的變化，都不能不歸功於青年的積極參與。遠至香港的雨傘革命，同樣是受到台灣太陽花運動的激勵。

　　在那場結束抗爭的〈轉守為攻，出關播種〉聲明，很多人或許不記得內容，一定記得「出關播種」四個字。

　　兩年多過去了，時代力量的崛起，是一個播種而且已經萌芽成長的例子，許多以往民進黨的「艱困選區」，民進黨候選人不一定能獲勝，卻讓時代力量殺出一條血路。此外，也有一些人重回學校

繼續完成學業，有人成為國會助理，或積極參與社運團體，像台獨聯盟就吸收了很多新血。

　　在這麼多令人目不暇給的英雄榜中，像楊宗澧這麼高學歷卻行事低調；曾在國際性的非政府組織工作，卻回到台中固守沒落的老城區；有著滿腹經綸卻從最基礎的社區事務做起的，還真是少見。

　　畢業於東海大學社工系，退伍後曾分別在中央研究院擔任研究助理、民間司法改革委員會任執行秘書、國際特赦組織台灣分會秘書長，其後赴英國艾塞克斯大學（University of Essex）社會學研究所取得碩士學位。

　　2010年留學比利時回台的沈清楷在台北創辦「哲學星期五」，2013年底，留英回來的楊宗澧決定回台中開辦哲五，2014年正式起跑沒多久，就碰到318學運，學運期間他台北台中兩頭跑。

　　「我當時也參與其中，事件發生的當下也進到議場內。後來隔天就先出來議場，負責在青島東路這一側NGO的場控。但是每週五我都會先回台中處理哲五，哲五結束再馬上趕回台北。」楊宗澧說。

△太陽花學運時楊宗澧負責青島東路側非政府組織區場控（廖家瑞攝影）。

3月30日50萬人上街頭時，楊宗澧負責教育部旁的舞台主持。那次除了凱道主舞台之外，共有5個副舞台。

未發生太陽花學運前，林義雄一度準備組黨，楊宗澧也是研議中以「公民組合」為名的新政黨發起人之一。學運過後，組黨人士因為運動路線有別一分為二：時代力量和社民黨，雖然兩個黨都是有政治理想的一群人，他兩邊都沒參加，並決定選擇從草根做起，因為他認為要讓人民自我翻轉與成長，一定要回到社區從最小的地方開始改變。他堅信要培養有理念的選民，一定要先成為有理念的公民，才有辦法改變台灣長久以來無論哪一個政黨執政，都是習慣於過去那套派系處理權力分配的模式。

在太陽花學運中，網路直播發揮很大的動員力量，為什麼又要回到傳統老派的運動方式？因為他發現網路溝通好處是有權力者更容易被監督，缺點是很容易變成隔空謾罵，哲五就是要補網路無法見面的缺點，也讓他更覺得要播種就要蹲點、要翻土、要紮根、要和社區鄰里打成一片。

△台中哲五提供保守內斂的台中人一個思想改造的空間。（楊宗澧提供，廖家瑞攝影）。

憑著以往實際從事NGO（非政府組織）的經驗，他決定籌組「好民文化協會」，名稱來自鄭南榕的話：「我們是小國小民，但是我們是好國好民」。他以4個月的時間完成籌組及社團法人登記，速度超快，並在距火車站不遠的綠川西街巷弄裡，租到一間透天老厝，定7月31日舉行開幕茶會。

　　他在今年年初一邊籌備，一邊開始社會行動，三月初先培訓25名志工，在東南亞移工聚集的第一廣場週邊，進行「第一廣場東南亞訪調計畫」，歷經兩個半月，完成第一波訪調報告，希望為社區未來開啟更多審議與對話的可能。

　　四月底，他以輕鬆的方式開辦「議會小旅行」，邀請市民實際到議會旁聽、瞭解地方政治運作。很多人是頭一次發現，原來他們所選出的議員是這樣做為民喉舌工作的。

　　下半年，他將推出「推理文學講堂」、「好民共食堂」、「組織結社讀書會」等專案。好民團隊主要成員是介於20至40歲的學生、上班族等。

　　或許是位居中部地區唯一都市化較高的大城，台中市常被計程車司機們形容為「迌迌的城市」，是很多新事物的發源地（如珍珠奶茶、電子琴花車……），政治上卻相對保守，雖然在衝撞的年代裡，仍有不少走在最前面的街頭「衝組」，要在台中辦政治性演講，要做好冷場的心理準備。

　　楊宗澧也知道這個現實，所以初辦哲五時，他自己心裡設定一個目標，即使來的人只有10人以下，也要照辦，想不到第一場只靠臉書宣傳，就來了七十多人，場地大爆滿。兩年半以來，哲五持續辦了超過130場，有時同一天分兩個地點舉辦，平均參加人數大約在三、五十人之間，證明冷漠的台中人，心中也有對自己故鄉及國家發展的期待。

「大家都說要出關播種，其實很多人是書讀得越多，越是生活白痴。很簡單，你讓他去菜市場走一趟，看他能不能和那些所謂的『販夫走卒』對話？光是要和他們講台語，就考倒一大半人了。」

「政府官員也一樣，台中市政府說要把第一廣場改名為『東協廣場』，說要辦一項『友善國際勞工踩街遊行』，要來自各國的姐妹們穿她們的傳統服裝出來踩街，她們很反彈。這和日本時代日本人強迫台灣原住民穿上傳統服飾，把他們帶去萬國博覽會，鎖在籠子裡面讓大家當成看（動物園裡的）猴子，完全是一模一樣的心態，這是執政者的粗糙與不用心，這樣算友善？」他說。

又如要讓日漸沒落的中區復興，市府所想到的，就只有招商、都更、蓋新商場，這是最簡單卻是治標不治本的方法，政府有沒有和當地民眾溝通過？有沒有想到如此一來即便成功，原本在中區做小生意的底層弱勢民眾，又將何去何從？

所有他想做的，都是吃力不討好，又對自己沒有好處的事，但他覺得唯有從基層的社區做起，即便一天只能影響一至二人，日積月累，一定會看到改變，這樣才有辦法建構真正有理想有未來的台灣文化。至於經費，靠他自己已經快要無力支付，未來只能靠募款及寫計畫申請經費，他相信只要認真做事，錢不會是問題。幸運的是，家人對他的理想也很支持。

政治要翻轉，唯有靠強有力的公民社會；公民社會的建構，要靠一步一腳印，努力的「為公民社會翻土」。尤其是民進黨執政的此刻，他其實有很強烈對國家未來的不確定感，因為不知道未來國家的走向會被帶往何處，因此，現在能做的，就是積極組織公民力量，如何阻止這個國家走向崩壞。

（原載2016.7.28.民報）

好民宣言

「 我們是小國小民，但是我們是好國好民。

－鄭南榕 (1947-1989) 」

◥ 關於好民

好民文化是一項以紮根社區、深化市民社會為目標的行動。
台灣社會始終有許多理想主義者投入社會的改革與倡議，然而面對台灣的下一階段，
除了形式上的民主選舉，民主如何深化、市民又該如何行動，始終是我們不可迴避的課題。

好民文化認為，市民的個人行動上，必須從三方面自我培力：

一、轉化對生活政治的想像；

二、裝備自我的智識能力；

三、提升公共事務的思辨與討論層次。

我們也必須以社區為基礎，
從文化、經濟與政治等層次建構屬於市民自己的好民文化：

• 我們要建立共好的文化社會，推展在地的文化思想與教育；

• 我們嚮往共享的經濟生活，推動以合作替代競爭的社區經濟模式；

• 我們需要一個有共識的市民政治，以慎思明辨的精神帶諸在地政治。

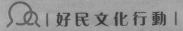
好民文化行動｜
Cosmopolitan Culture Action Taichung

現在就行動
◀Facebook

△好民宣言。

濁水村的那股清流
——老村長陳鳳和他的建國基地

　　台灣的「內地」南投因為地處偏遠，在福爾摩沙高速公路開通以前，南投人常自嘲是「四大皆空」：不靠海、縱貫鐵路未經過、沒有高速公路，也沒有機場。南投人也比較老實保守，早期反國民黨勢力很難成長。

　　唯一的例外是在名間鄉台三線省道旁，麥當勞對面三角窗的騎樓下，卻是孕育出很多民主推手的「民主聖地」。它的主人陳鳳，從一個計程車司機，到積極參與民主運動，讓民進黨的勢力在這裡開花結果，名間鄉成為國民黨屢攻不破的綠營大票倉。

△進仔兄舉縣名牌，林長富拿黨旗，南投隊雄壯威武。

名間鄉另一個國民黨頭痛人物牙醫師吳弘昌說，人稱「進仔兄」的陳鳳是家中長子，很早就從山上老家，搬到距離集集線濁水火車站不遠處開計程車；進仔嫂夏天賣冰，冬天賣扣仔嗲（炸蚵仔），夫婦兩努力工作勤儉度日。進仔兄除了自己家庭以外，還幫弟妹完成婚姻大事，是弟妹們心目中的「長兄如父」。

美麗島事件前的那幾年，張俊宏雖然在台北參選市議員失利，首次回南投選省議員卻高票當選。他的當選，為南投這個黨外沙漠注入一池活水，由於省議會就在霧峰，很多南投鄉親經常呼朋引伴到省議會旁聽張俊宏質詢，陳鳳更是他每場政見發表會的基本聽眾。

「進仔兄有一種能力是別人所不能及的，他聽完演講回來後，就在自家店仔口，用鄉下人聽得懂的語言，把張俊宏的演講內容轉述給大家聽，每個人都聽得入神，簡直可以用如醉如痴來形容。」吳醫師說。

「美麗島事件後不久，我和進仔兄剛好有事到埔里，看到到處是警察，一問之下才知道是要逮捕紀萬生。埔里人說，紀萬生具有好口才，連抓他的警察都被他的口才深深吸引。」

美麗島大逮捕沒有嚇退他們，1986年民進黨組黨後，陳鳳更加努力發揮他的遊說力量，不到兩年，在他和集集的林長富、水里的吳猷豐、政治受難者黃億源……等許多人共同努力下，以一個人口僅僅五十萬的南投縣，很快就募集超過四百名黨員的黨部設立門檻，成立了南投縣黨部。

林長富說，為了尋找一位具有民意基礎的公職人員來領導，陳鳳找了十幾位黨員，去邀請省議員林宗男入黨，擔任第一屆縣黨部主委，陳鳳則眾望所歸當選第一屆評委召集人。

接著他又推動成立名間鄉黨部，他把自家做生意的一半場地提供作為開會及辦公之用。由於剛解嚴不久，白色恐怖還深植人心，他特別拜託他的死黨，來自集集的林長富及林的夫人徐碧蓮，分任頭兩屆名間鄉黨部主委。

陳鳳在1990年當選濁水村村長。那個年代別說是村長，即便是縣議員，幾乎全是國民黨的囊中物，以民進黨員參選村長而能當選，簡直是奇蹟，因為選區愈小愈難脫離「民眾服務站」的掌握和買票的影響。

島嶼天光的工作者

△《島嶼天光》的工作者陳鳳。

第二年，他在自家成立「濁水溪聯誼會」，平時舉辦演講、草根農民巡迴座談會、郊遊等活動，進仔嫂就大展她的廚藝，大伙邊吃邊聊，不只附近村民愛來，他的這個據點成為全國各地黨員觀摩的好去處，民進黨所有黨職公職都曾到過這裡，連海外黑名單回台時，也必定前來「朝聖」一番。

那一陣子街頭運動很多，國會全面改選、解除戒嚴令、二二八和平日、聲援蔡許台獨案、鄭南榕自焚、開放報禁、黨禁、台建組織、廢除刑法100條、總統直接民選……，進仔兄無役不與，南投縣隨他上街頭的戰友也越來越多。

「早期聽演講時，警察都會在旁邊登記摩托車車號，很多人都會把摩托車停遠一點；進仔兄明知會被抄車牌，他也不怕，故意把摩托車停得很近，讓警察去抄。」吳弘昌說。

後來他們發現情治人員為了監視進仔兄的活動，在離他家20公尺遠處租屋。進仔嫂也不是省油的燈，有一次情治人員跑到他家詢問進仔兄的去處，進仔嫂說他不在家，情治人員不信，還跟著進仔嫂進入辦公室後方的樓梯口往上探望，進仔嫂大聲把他趕出去，從此情治人員到處向人訴說他們夫婦好兇。

「進仔兄真是一塊璞玉。警察或調查站人員來找我時，我就和他們講歷史、講道理，他們只好乖乖的聽；進仔兄沒有讀很多書，他就是有那種勇者不懼的氣勢，連警察都怕他。」

由於他家的位置很明顯，他又無所懼，因此，上自總統選舉，下至他自己的村長選舉，這裡都順理成章成為競選總部或服務處。早期全國各地像這樣長期出錢、出力、出場地而成為民主運動基地的，屈指可數。

1997年縣長選舉時，民進黨提名林宗男參選，投票結果彭百顯以無黨籍身分選上縣長。那一役陳鳳和很多民進黨員一樣，認為和彭百顯理念較一致，因而支持彭百顯，也提供住處作為彭的競選服務處，陳鳳因此被民進黨開除黨籍，但他推動獨立建國的心至死不變。

△刑法一百條修正黃華及張燦鍙（戴花環者）出獄後到名間致謝。右一為陳鳳，左一為林長富。

近年來，他因心血管疾病和小中風，健康狀況大不如前，語言能力退化，但他仍每天騎著腳踏車在村裡四處遊走，看到村民就滿臉笑容舉手和對方打招呼，村民仍然會來他家騎樓坐坐聊聊，只可惜他無法像以前一般妙語如珠地大談台灣建國的重要性。

他在今年2月11日於睡夢中辭世，令許多老友極度不捨。許多人懷念當年他所做的點點滴滴，特別是他對弱勢者的同情與照顧。

尤其他因目睹農民的辛苦，1989年高雄戴振耀參選農民團體立委時，進仔兄開著一台破戰車，在鄉間四處奔走高呼「台灣若欲好，國民黨愛乎倒」。戴振耀在不知選票在哪裡的情況下，竟能當選，令他感動萬分，直到他過世前，每年過年一定會撥一通電話和進仔兄聊聊。

而今，進仔兄走了，戴振耀也罹患癌症治療中；國民黨真的倒了，只是後來者如果忘記當年這些堆疊起民主根基的基層運動者，是如何在艱困的環境中，始終堅持的意志與目標，不僅辜負前人的努力，也將是台灣的不幸。

（原載2016.7.20.民報）

那烈燄下的台灣魂
——追憶詹益樺與許昭榮

隨著520政權交接日期逼近，許多台灣人歡欣鼓舞，中國方面不斷恐嚇，全世界都在關注這個台灣第一位女總統的就職演說與未來的施政方向。

台灣能走到今天這一步，以下幾個事件都發生在520前後，都有很重大的影響：

△ 520 新總統即將就職，新的掌權者可還記得那些以生命捍衛台灣價值的老故事？

鄭南榕與詹益樺

1949年5月19日，「中華民國」在總統李宗仁逃到美國，沒有總統簽署（違憲）的情況下發布戒嚴令，在台灣實施全世界最長的戒嚴令。

1986年鄭南榕發起「519綠色行動」，是歷經37年後第一個公然提出解除戒嚴的人；第二年民進黨接續發動「只要解嚴，不要國安法」的遊行，終於在1987年7月15日解除長達38年的戒嚴令。

1989年4月7日鄭南榕自焚，治喪委員會選擇519出殯，隊伍到總統府前被蛇籠及拒馬擋住，突然草根工作者詹益樺點燃身上預藏的汽油，直奔拒馬前，仆倒在蛇籠上死亡。

很少人認識詹益樺，他自焚時旁邊的朋友不斷哭著喊「阿樺」時，還有人以為是黃華自焚。他自焚的當下，因為是在鄭南榕出殯的場合，並未引起多大的迴響，但作家曾心儀對他的死極度傷心難

過，她花了很長的時間到詹益樺竹崎老家，以及詹益樺生前走過的地方訪談，把詹益樺的故事完整呈現，慢慢的、慢慢的開始有人注意到詹益樺這個人。

2007年5月19日，詹益樺的朋友們，在竹崎鄉親水公園為詹益樺樹立了一座紀念銅像並立碑紀念，碑文中有一段說：「享年三十二歲的阿樺，把生命的最後四年全部奉獻給台灣的反對運動。他曾參加過環保、反核、農民、勞工、原住民等運動；他南北奔走，積極參與農民運動，深入基層，組訓農民，足跡遍及全台灣。」

「與阿樺共事過的朋友，對他最深刻的印象是：阿樺對真理有種掩不住的渴慕，面對真理擁有的，是單純且真誠的信仰與奉獻。阿樺最後終於用他的青春和生命來實踐真理，來點燃台灣民主之火。」

為台籍老兵鞠躬盡瘁的許昭榮

2008年5月20日，馬英九就職首任總統的同一天，在高雄市旗津有一位台籍老兵許昭榮自焚。自焚的新聞被所有總統就職的歡慶氣氛蓋掉，鮮少人注意。即便看到那則消息的，也以為大概是不滿馬英九當選的某個暴虎馮河之士所為，不具特別意義。

深入了解才發現，許昭榮的故事，真是七十年來台灣人令人哭笑不得的命運縮影。

他當過日本兵，戰後因具海軍術科專長，被國民政府徵召投入海軍「台灣技術員兵」送往上海、青島等地，從事接收日本34艘賠償艦的修復工作，後隨國民政府撤退返台。1949年被派至美國接收「太湖號」護航驅逐艦。

那段期間很多台灣人因戰後生活困苦，國民黨軍在台灣登報徵募志願兵，以可以學中國話及不離開本島為誘餌，實際上全部送往中國戰場參加國共內戰，很多人戰死，有的成為共軍俘虜變成解放

軍，還有參加韓戰後被遣送回台灣的，保守估計人數超過一萬五千人，絕大多數都死在中國的某個內戰時的激戰區，徐蚌會戰就死了很多台灣人。

許昭榮曾因海軍台獨案坐牢10年，出獄後經商，因將外銷產品外包裝的產地印為「Made in Republic of Taiwan」遭密告涉嫌叛亂再遭逮捕，幸救援得當獲不起訴處分。後以經商身分出國，參與南加州人士聲援施明德獄中絕食而成為政治難民，1986年獲加拿大政府政治庇護。

許昭榮在中國戰場時，不忍見台籍同袍戰死被棄屍荒野，私下將他們埋葬，並在靈前應允日後一定將他們的遺骸帶回台灣。他果然信守諾言，獲得加拿大政治庇護後，即到中國尋找仍健在或已戰死同袍的下落，黑名單解除後並返台積極投入為台籍老兵及遺族討公道的工作。1994年創設全國原國軍台籍老兵暨遺族協會。

他後來回高雄積極推動建立「台灣無名戰士紀念碑」的工作，吳敦義任高雄市長時，應允將旗津一塊原是任人丟廢棄物的土地，改建為「戰爭與和平紀念公園」。

2008年3月，高雄市議會卻通過提案，更名為「和平紀念公園」，其間也一度欲改為八二三紀念公園，並欲遷走「台籍戰士紀念碑」，許昭榮因而於5月20日在紀念碑前自焚而死，並於現場留下遺書。

還要維持現狀下去嗎？

遺書中指責國民黨與民進黨漠視「台灣歷代戰歿英靈」，部分內容如下：

『我依據自己的意志，以死抗議台灣執政者長期對「歷代軍人軍屬台籍老兵」之精神虐待。國不像國，政府不像政府……，對現行退輔制度，偏袒「老芋仔」剝削「蕃薯團」表示不滿；國民黨、民進黨執政期間，不但未給予「台灣歷代戰歿英靈」歷史地位，且

未曾舉辦國家級的追思或弔祭，讓約四萬位台灣先靈在海外流浪六十餘年。』

　　諷刺的是，許昭榮最積極工作時期，正是被台灣人寄予厚望的陳水扁執政時期，然而，當旗津風車公園旁的「台灣無名戰士紀念碑」落成時，不忌諱為廟宇及八大行業送匾題字的陳總統，卻婉拒為紀念碑題名；當時的高雄市長謝長廷也未到場參加落成典禮。

　　然而，許昭榮的故事感動了許多人，留美回來任教的江仲驊是其中之一，他和一群被認為是「害仔組」的基層草根人士努力經營八年來，使這個全台唯一官方經營的紀念公園雖然地處海角，仍吸引很多外國觀光客前來參訪。當外國人驚訝於台灣人的命運如此多舛時，我們的政府依舊無動於衷，二戰期間死了超過五萬人的台灣，至今依然沒有一個國家級的紀念碑或紀念公園，歷史課本隻字不提。

　　蔡英文即將風光就職，就職典禮的觀禮證，在臉書上成為許多粉絲們引以為榮的熱門照片，而和她同黨的前總統陳水扁竟然沒有受邀、曾為台灣兩度坐牢的前總統府國策顧問謝聰敏同樣被遺忘，這不禁令人擔心，許昭榮當年死諫的遺書，到了八年後的今日，似乎情況還是原地踏步，果真要繼續維持現狀下去嗎？

（原載2016.5.17.民報）

政治犯 土公 職棒國家裁判
——李志元的傳奇人生

想起許昭榮老淚縱橫

雖然是在旗津著名的海灘旁，渡船頭一家家的海產店生意興隆，卻很少人再往南走一點，走過風車公園，就是戰爭與和平紀念公園。

這是全台灣唯一官方設置的紀念二戰老兵的公園，裡面有一間小小的展示館，工作人員常笑說，展示館的面積比旁邊供遊客使用的公廁還小，十年來一直是由「高雄市關懷台籍老兵文化協會」承辦展出業務，每年並舉辦春秋兩祭，祭祀二戰期間為保衛台灣、以及在這塊土地上犧牲的所有士兵，包括美澳等國戰俘。

雖然戰爭期間台灣人死傷慘重，戰後這段歷史被有計畫的抹滅精光，很少人知道當年台灣人的故事，遑論台籍老兵的問題，因此，每年祭典的參加者不多，媒體幾乎不報導，反倒是美國在台協會都會前往追思當年的美軍戰俘，其餘參與最多的就是倖存的老兵。

和高齡九旬的二戰老兵相較之下，將屆八旬的李志元算是小老弟，他沒來得及參加太平洋戰爭，他的戰鬥人生卻更精彩。他因為和催生戰爭與和平紀念公園的許昭榮是坐牢時的「同窗」，每年春秋二祭一定會看到他的身影，因為許昭榮是他所看到最認真的人，也是他尊敬的人，所以他「用爬的也要爬去參加」。

他和許昭榮是在泰源監獄的同房難友，坐牢期間慢慢才知道許昭榮對台籍老兵問題的投入之深，也曾看過許昭榮所寫投稿到新生報副刊的〈遙祭北海孤魂〉等文章，寫戰後被徵召到中國打內戰的台籍老兵的故事，「他不但文章寫得好，出獄後雖然移民加拿大，可以安享餘年，他還是努力去尋找戰死在中國戰場同袍的遺物骨灰

等，一一把它們帶回家，他如此孤軍奮戰、努力促成戰和公園成立的情懷太令人感動……」

說啊說的，李志元說得淚流滿面，想到許昭榮獄中每晚只睡3小時，只為了多翻譯一些文章投稿給《拾穗》等雜誌，所賺取的稿費全部寄回家補貼家用，但還是得不到子女的諒解，讓至今和許昭榮子女有聯絡的李志元心中感慨萬千，這是所有白色恐怖時期政治受難者共同面臨的家庭問題。

李志元自己也有一個兒子，班上成績第二名，考警察學校卻落榜，因而罹患憂鬱症，25歲時失蹤，向警方報案至今生死不明，至少有兩代受傷。

功敗垂成的武裝革命

李志元是因「蘇東啟案」被捕，那是60年代繼雷震案後的重大政治案件，時任虎尾黃金戲院總經理的張茂鐘，因看到世界多處殖民地紛紛獨立，找到虎尾國際照相館老闆詹益仁等人發起，打算以武力推翻蔣家政權，並拉攏駐紮在附近的充員兵陳庚辛，在部隊找了多位志同道合人士，也找了一些海軍陸戰隊隊員加入，剛好那時因雷震被捕時在雲林縣議會提案聲援的蘇東啟參選縣長，他們主動幫他助選，落選後邀請蘇東啟加入。

「國民黨是明目張膽的作票，連古坑鄉蘇洪月嬌的老家，至少她母親還住在那裡，開出來蘇東啟的票數竟然是零票！莿桐鄉的票一直到第二天才開出來，林金生的得票率是99.8%，明明是蘇東啟當選，硬是被作掉，更加深基層的反感。」李志元說。

那是1960年的縣長選舉，後來擔任過立委的顏錦福也涉案，李志元說他和顏錦福、許錦亭3人是北港初中的同學，李志元找上許錦亭，許錦亭又去找顏錦福給予金錢贊助，顏錦福警覺性高，和許錦亭說好萬一出事，就說那是支持蘇東啟選縣長的政治獻金，但也以「知情不報」被判刑兩年多；李志元則是在虎尾空軍訓練中心服

兵役期間被捕，被關了8年。

發生於1961年的蘇案總共有52人被捕，50人被判刑，同案人士除了蘇東啟等3人年過40，其餘都是2、30歲青年，被捕人士中蘇東啟、張茂鐘及陳庚辛等3人被判唯一死刑，其餘分別獲判12年至無期徒刑不等的刑期（後因法新社記者袁景濤的報導，蘇東啟等改判無期徒刑）。

他們的構想是發動兵變並搶電台，只要兵力能維持一週，隨即向琉球方面爭取美軍前來支援，革命便能成功。

據和李志元同時受訪的蔡銘鴻表示，那次選舉蘇東啟所屬的中國青年黨，抓到國民黨在嘉義偷印選票的證據（早年國民黨慣用的作票手法之一，以偷印的選票自行圈選國民黨的候選人，並以各種諸如停電或趁民眾不注意時，將圈選好的選票票櫃送到或預藏在投開票所，掉換民眾所投的票櫃，有時因偷蓋太多，會發生投票率超過100%的怪現象），蘇東啟原本打算提告，林金生找他協商，並幫他找到台灣合會（今中小企業銀行）嘉義分公司總經理的工作，蘇東啟因而不追究，但不久即因處處受打壓工作不保，讓蘇東啟更加抑鬱寡歡。

「蘇東啟落選後得知張茂鐘、陳庚辛、林東卿等人熱心幫他助選，曾經親往道謝，有一次還帶他們到台北後車站的金龍旅社和高玉樹見面，並告知南部有人打算兵變，起義後請高玉樹在北部呼應，高玉樹不置可否，林東卿回來後卻說高玉樹答應，一時士氣大振，便利用1034部隊移防時，打算劫走武器，還找了海軍陸戰隊成員做外應，一行人分乘3、4台計程車，臂上佩帶『虎』字臂章，一進去發現部隊人那麼多，劫營行動失敗，現在回想起來，這些人是瘋瘋癲癲不失真。」李志元說。

蘇東啟案涉案人數相當多，但因為高玉樹也涉案，當局卻把他放過；加上蘇洪月嬌出獄後到處申冤陳情；最重要的是一位法新社記者袁景濤發布了新聞，引起國際重視，導致當局不再追查，否則

牽連會更廣，這應是白色恐怖時代頭一次因為國際媒體的關注而讓一些革命志士逃過死劫的案例。

而今，當年的革命青年，許多已不在人間，李志元感嘆革命同伴所剩無幾，而且都已屆風燭殘年，幾乎找不到人可以完整訴說蘇東啟案的歷史了；李志元也可能是目前唯一保有蘇東啟案相關判決書等文件的人，「我坐牢的時候，家裡替我找律師辯護，得到的結論是：『被告空言狡辯，不足採信。』我母親氣得把我所有東西全部燒光，所幸這些『裁定書』、『辯護書』等，都放在一個便當盒裡，才能保留到現在。」

土公　廟公

坐牢期間，一位受不了刑期太長的老芋仔上吊自殺，獄方問有沒有人會處理喪葬事宜，難友說李志元會。

「我哪會？不過藉機可以多次外出看風水，又可以抽煙喝酒，不會也說會了。軍事檢察官從花蓮到台東泰源監獄至少要花半天以上，老芋仔一大早上吊，驗屍時已經是下午，那個死相實在很難看，我就把他的臉蓋起來，身體僵硬得無法換衣服，只好用剪刀剪開，我一邊幫他換洗身體，一邊告訴他：『冤有頭債有主，你要抓去抓蔣介石，讓他把你帶回河南去安葬。』

後來做法會時，也是去向附近人家借鈸，我帶隊，一共4名難友權充道士，結果附近的狗一直吹狗雷，把兩個難友嚇倒了，我又去幫他們收驚。」小時候母親常帶他去收驚，這收驚的本事竟然被他偷學去了。

出獄後他才30歲，北港朝天宮主任委員王吟貴請他去當廟公，一當就當了12年，讓他更加看透人世間的形形色色。

「現在流行抽什麼『國運籤』，還有這間廟抽得上籤、那間廟抽得下籤的，如果以每間廟的地域性而言，應該是抽地方運勢比較合邏輯吧。

我當廟公那麼久，一般都是遭遇到什麼困難才會來廟裡求神問卜的，好運的人不太會來問運勢，所以這種神鬼的東西參考就好。」

他也當過職棒的國家級裁判，他展示了一張1990年職棒元年和王貞治的合照，後來因為心肌梗塞發生兩次誤判而離開棒球界。也當過記者、到餐廳打過工，目前在立法委員蘇治芬服務處擔任志工。

他對政治事件的反應至今依舊敏感，許多地方政治人物都尊稱他為老師。蔡英文2012年和馬英九競選總統時，他眼見蔡英文在辯論時落居下風，立刻幫她想了一句反駁馬英九的話請人轉達給蔡英文，並在下一場辯論時，自製一個大布條為她加油：「在我的前方是我的國家台灣；在我的心中台灣正在沸騰；在我的後方台灣人民正在跟隨。」果然鏗鏘有力，畢竟他曾經為台灣建國付出青春與血淚，他的革命熱血依舊沸騰。

（訪問日期：2018.2.24　地點：虎尾）

△ 1990 年職棒元年，李志元（左三）擔任職棒國家裁判時，和台裔日本職棒名人王貞治合影。

▽李志元展示當年保存於便當盒裡的蘇東啟案判決書，現已成為極少數白色恐怖時期的珍貴史料。

在聯合國廣場切腹的台灣人／林水泉

　　台灣人因為揹著「中華民國」的殼，在1971年被逐出聯合國，時任台獨聯盟主席鄭紹良，立刻發起一項「鎖鍊示威」，由台獨聯盟發動全世界20多處，包括美國、日本、歐洲、巴西等地的台灣人，同時在各特定地點把自己鎖住的「鎖鏈示威」，主場示威活動就在聯合國廣場，眾多台灣人用自備鐵鍊把自己鎖在聯合國廣場外圍的柱子上，曾經引起國際媒體的注意，卻改變不了台灣被逐出世界舞台的命運。

　　事隔34年的2005年2月15日，一位曾任台北市議員、曾被囚禁綠島10年的政治受難者林水泉，單槍匹馬跑到聯合國廣場切腹自殺，昏倒後被送到醫院救回一命，腹部留下一道橫切的傷痕。

　　為什麼要這麼做？「真簡單啊，我看很多台灣人，每年聯合國大會開會期間就組團去紐約，說要加入聯合國，每年募款，這樣就能加入聯合國嗎？台灣要建國，沒有犧牲是不可能的，不能只有嚷嚷而已，要有人付出生命啊。」林水泉說。

　　今年剛滿80歲的林水泉，美麗島事件後不久就移居美國，最近返台，很想搬回來為台灣多做點事，又不好意思長住妹妹家，想在台北租屋，房東一聽到他的年齡就拒絕租給他，讓他深感無奈。

　　來自松山的林水泉，年輕時本想選里長，因年齡不足，剛好一位阿姨被倒帳，牽了一台吉普車回來抵債，那時又有市議員選舉，他就開著吉普車去大同區幫李福春助選，兩人成為好朋友，講起政治更是投合。李福春鼓勵他說：「你們松山的議員都是花瓶，你去找好一點的人幫他助選，或者自己出來。」林水泉自覺初商畢業的學歷不高，找了一位台大政治系畢業的親戚請他出馬被婉拒，因而有自己參選的打算。

1961年，台北市還是省轄市時代，林水泉以無黨籍身分披掛上陣，他的口才便給，政見發表會上對國民黨的大肆批判，讓台下他父親聽了直罵他：「夭壽死囝仔，你再罵下去一定被抓去關。」那次選舉他落選，同年4月6日果然被當成流氓抓到小琉球管訓1年8個月，沒有判決書，所以也沒有補償。

　　林水泉的父親原本是以牽牛車為業，類似現在的貨運行，擁有10多台牛車；後來兼營碾米廠，松山一帶的警察局、學校、精神病院、兵仔營都是他家的客戶。林水泉從小目睹警察索回扣、上尉軍官偷拿糧票來換米；他的姑婆嫁到松山市場邊，去找姑婆時，常看到在市場旁饒河街擺攤的小販，不給「保護費」就被整，譬如把魚販押到派出所詢問一整天，任令擺在門外的魚貨在烈日下曝曬至發臭。

△林水泉展示切腹時留下的橫切不規則刀疤。

父親的貨運行由牛車改為卡車之後，他常開卡車到新店暗坑（安坑）附近溪邊載運砂石，車抵砂石場，馬上有一位身穿黑衣的班長前來告誡他：「我們這裡挑砂石的都是神經病患，你不要和他們說話。」他更加好奇，偷偷問兩人一組被綁住的工人，為什麼會來到這裡？「啊這個土匪政府，我只不過抱怨兩句，就被判無期徒刑！」原來這些人都是被關在新店軍人監獄的「思想犯」。

那時的市議員任期3年，1963年年底他再度披掛上陣，當選省轄市時期第6屆台北市議員；1964年元月就職，4月高玉樹參選台北市長，林水泉登記為他的助選員，和他同屆的有宋霖康、黃信介、陳天來等。

Star-Bulletin Photo by Dennis Oda

TAIWAN DISPUTE—Lin Shui-chuan, left, holds a torn coat he said he was wearing when was beaten by Taiwan police. With him are George Chen, center, Hawaii coordinator of the Taiwan Democratic Party, and attorney Wendell Hu.

Taiwan Dissident Exiled to Hawaii

By Lucy Young
Star-Bulletin Writer

△ 1986年林水泉向許信良獻策，又去說服謝聰敏，發起返鄉運動，在海外台灣人社團引起很大迴響，返鄉過程常有美國媒體大篇幅報導（林水泉提供）。

那是高玉樹第二度參選台北市長，距離他第一次當選已是10年前的事，高玉樹深知國民黨買票作票的綿密系統，選舉時不斷告誡選民提防各種作票「奧步」，要選民帶手電筒到投開票所看開票，一停電就要打開手電筒以防國民黨偷換票櫃。

由於高玉樹助選陣容堅強，蔣介石決定於1967年7月1日，把台北市升格為「院轄市」，市長改為官派，高玉樹續任第一屆院轄台北市長，市議員任期原本在1968年屆滿，均由內政部聘為台北市臨時市議會議員，任期至1969年12月25日。

不過林水泉在1967年就以「陰謀顛覆政府」，和黃華、劉家欽、林中禮等人被捕，那是所謂「二條一」唯一死刑，後來被判15年，因蔣介石死亡減刑出獄，這次足足被關了10年。

市議員任內，他看盡多少政商勾結的勾當，譬如原本屬於台北市營的「台北煤氣公司」如何轉手成為吳火獅的企業所有，他一一看在眼裡：「市營的煤氣公司轉手成為大台北瓦斯公司利潤有多少，你自己去看他們取得的設備及土地有多少，算一算就知道了。」那時每個議員的「禮金」是5萬元，無黨籍人士是由某位後來在黨外參與很深的人士負責發放的。

林水泉在被捕前，曾因郭國基和高玉樹的弟弟楊玉城選省議員的利害衝突，特別去找郭國基說，如果郭要在台北市參選，他一定幫郭助選；如果不想在台北市，林水泉建議郭國基回高雄幫余陳月瑛助選，兼可幫屏東的黃振三助選，或自行參選。「黃振三和我一起去，當場向郭國基下跪，拜託他在這歷史性時刻無論如何一定要幫忙。郭國基被說服，當場拿出他的身分證、印章及委託書，同意讓我替他把戶籍遷回高雄，我一天之內台北高雄三往返，把這事辦好。事後情治人員硬逼他把戶籍遷回台北（目的是牽制楊玉城），但他的證件在我這裡，無法遷回，這事導致情治單位對我更加痛恨，不久就被捕了。」林水泉說。

走街頭

157

　　林水泉擔任市議員期間利用赴日考察的機會就加入台獨聯盟，由委員長辜寬敏監誓。因此他在出獄後的第二年開始申請出國未獲准，直到1982年，突然兩名警備總部人員拿著一張出境證，同意他出境，他立刻聯繫已在美國的謝聰敏，謝聰敏贊成他趕緊赴美，想不到因為辜寬敏被台獨聯盟認為他回台投降，連帶林水泉也被若干人士散布他是負有任務才能出國，令他十分無奈。

　　1986年許信良在美國發起的「建黨回台」運動，也是林水泉向他獻計。

　　「許信良面臨辦《美麗島週報》破產的窘境，我建議他，利用菲律賓阿奎諾及韓國金大中的返鄉熱潮，推動海外台灣人返鄉運動，我又去說服謝聰敏，以許信良在國內的知名度，加上我們兩個政治受難者的『資歷』，想不到獲得許多同鄉的支持，捐款大筆湧入。不過，我對他的行事風格不贊同，他擔任民進黨主席時對我說：『你只要捐出兩百萬，我保證讓你當立法委員。我拒絕了。』」林水泉說。

　　他有能力時，常默默去關懷探視政治受難者的家屬；他常說他自己是「了尾仔囝」不善理財，很大部分的理由是他視難友間的感情重於金錢；他的一生跌跌撞撞，唯一不變的是對於台灣獨立建國的堅持。「從政者一定要有中心思想，不能有私心，要有情有義，有血有淚，否則人民支持你是為了什麼？嘴巴講為人民、愛台灣，實際上只想自己如何升官發財者比比皆是，這才是台灣人運動的危機啊。」

　　政治受難前輩，80高齡還想為台灣做事的林水泉，他的肺腑之言，當政者可有人聽得進去？

（原載2017.3.9.民報）

街頭是我家——「二進宮」
政治受難者林樹枝的故事

　　前不久民進黨剛過完30歲生日。

　　當很多人高興慶賀時，是誰在戒嚴時期突破萬難去圓山飯店借場地？是誰默默在背後進行所有準備工作的？已經鮮為人知；也不一定有人會在意；即便說出來，也不一定有人認識，這是民進黨基層黨工的宿命。

　　有一件事大家一定知道，1979年美麗島大逮捕時，因為施明德成為漏網之魚，國民黨展開全面大搜捕，並懸賞重金，卻還是讓施明德逃亡了26天才被捕，這26天的「官兵捉強盜」戲碼，是老一輩人士共同的記憶，也讓施明德得到「美麗島戰神」的封號，引起國際對大逮捕的重視，逼使國民黨不得不在開庭大審時，全面開放並讓平面媒體全文照登，許多人看過後對黨外人士印象大改觀，對於1986年民進黨的組黨有很大的關聯。

　　圓山大飯店組黨和藏匿施明德同時都介入很深的，就只有這個人：林樹枝。

　　林樹枝是新北市中和人，1946年出生，家中務農，因此國民黨來台不久實施的「耕者有其田」，他家的農地沒有被放領，所以雖然戰後及國民黨的掠奪導致民生凋敝，至少家裡還有一口飯吃。

　　他在初中畢業後就幫家裡務農，農閒時到姑婆家開設的染織廠工作，因而認識一位來自台西的同事丁振雄，雖然丁振雄不久就回鄉務農，彼此不時有書信往來，丁振雄接到召集令時，林樹枝還特地跑到台西去送好友出征，可見兩人的好交情。

丁振雄退伍後到花蓮富里租地種西瓜，林樹枝也跑去富里住了好幾天，好友相聚，無話不談。

他們的確無話不談，尤其在書信往返時，林樹枝在信中常談論時事，對許多不公平不合理的事情有所抱怨，譬如：為什麼台灣省主席都不派台灣人？為什麼所有的高官、好位置都是外省人？為什麼農民辛苦耕種的稻穀一定要被迫以低價換肥料？為什麼要以農養工？

林樹枝說，他根本不知道當時的郵局特別設有一個「郵檢組」，所有人的信件他們都可以任意拆開來看，看到有像他所寫那些「反政府言論」的，就變成政治犯了。

從富里回到中和沒幾天的1971年3月8日，就有警備總部人員會同管區警員到他家搜索，把他正在看的《厚黑學》及〈人間世〉雜誌，都當成犯罪證物。丁振雄也被抓了，兩人同樣被判處10年徒刑。

為了要追查林樹枝還有沒有「同伙」，他遭受好幾次的刑求逼供，印象最深的是把兩手的食指綁在從天花板垂下來的兩根繩子，僅讓受刑人的雙腳腳尖碰到地面。

林樹枝說，綁久了很痛苦，也曾昏過去，他們就潑水，如此反覆好幾次，他也不記得被綁了多久，只記得再怎麼墊高腳尖，還是很痛，等到被放下來時，兩隻食指變成原來的兩倍長！

其他也有用木棍痛毆、用手肘冷不防打他身上要害，有時被打到流血、痛到昏厥過去，他們才暫時休息，很多政治犯因被刑求而無法生育。

當林樹枝接到10年重刑的判決書時，正在思考要不要上訴，同房的黃華勸他不要：「你再上訴，他們還會多判你兩年。你如果想早一點出去，就乖乖別上訴。」

他是因蔣介石死後的特赦，得以提早出獄，但因只減刑1/3刑期，直到1977年關滿2/3刑期才出獄。

白色恐怖時期，政治犯是一輩子的印記，找工作沒人敢聘用，所幸那時台灣經濟剛開始起飛，中和祖產有一部分土地和建商合建後，他以一間他分得的公寓房子賣掉後所得，從事廚具生意，卻以虧本收場。

1979年美麗島大逮捕時，施明德穿著睡衣第一站逃到陳婉真父母家中，換穿陳婉真弟弟的衣服及鞋子後，由弟弟攔一部計程車帶他到林樹枝家，展開舉國注目的26天大逃亡，林樹枝幫他尋找藏身之處、聯繫可能的偷渡管道……，為此，他被判刑兩年，加上前次假釋出獄的1/3刑期，總共被關了5年多，是藏匿施明德案被關最久的一位。等他出獄時，他入獄前的婚姻也告吹了。

他第二次出獄是1985年5月12日，那天剛好是母親節，13天後他的母親離開人世，他直覺重病的母親是等著見他一面後才放心的走了，而他對母親的愧疚卻是一輩子難以彌補的遺憾。

那時剛好黨外公職人員公共政策研究會（黨外公政會）已成立，辦公室需要一位專職人員，林樹枝就去上班了，月薪是12,000元，那是街頭運動最盛的時期，公政會因為是各類公職人員的聯合辦公室，也常接到很多陳情案件，例如有一次新竹玻璃老闆無預警歇業，員工群情激憤，他和邱義仁趕去聲援，混亂中他們曾試圖打電話找一位黨公職人員幫忙被拒，讓他感慨頗深。

民進黨在圓山飯店「突然」宣布組黨時，他和很多黨工忙著布置會場等工作，印象深刻的是，好幾位簽名的人當天晚上怕被逮捕而不敢回家。而那時開會的橫幅布條都是自己剪字貼上，其中「民主進步黨第一次黨員代表大會」的布條，就是他們借陳永興醫師家剪貼完成的。

民進黨成立後他曾短暫留在中央黨部工作，到了黃信介擔任主席時，他因不適應黨內勾心鬥角的文化而離職。

他後來曾和前省議員蘇治洋結婚，因蘇治洋忙於選舉，夫妻間聚少離多，4年後以離婚收場。

此後他真的成為職業街頭運動者，每有街頭抗爭事件，都可以見到他的身影。而在爭取廣播電視頻道釋出的努力過程中，一度「地下電台」大為流行，林樹枝也經營一家地下電台，可惜好景大約只維持3年左右，陳水扁當選總統後，地下電台幾乎已經要賠本經營，他又為此揹了一大筆債務，連領來的白色恐怖不當審判補償金都不夠償還；和朋友合夥賣烤番薯又被騙了。

生活會過得這麼辛苦，是因為政治受難者出獄後，情治人員仍然不時會到家裡騷擾，幸運找到工作的，不到一個禮拜，老闆會拜託他不要來上班，因為任誰都不敢為了一個員工，成為情治人員的鎖定對象。

民進黨執政後，他一度想請過去的老朋友幫忙，只要能有個穩定溫飽的工作，他就心滿意足。他的信寄給一位部長老友，部長把它轉給時任勞委會主委的陳菊，陳菊回信說已轉請各地就業服務站協助，他去了3處，每到一處都先問會不會打電腦等問題，他就放棄了。

所幸他喜歡寫作，剛出獄不久，吳祥輝正在辦〈民進週刊〉，鼓勵林樹枝去採訪難友，把他們的故事寫出來，吳祥輝給他的待遇不錯，每篇文章1字1元、照片1張2百元，讓他賺了不少外快，後來又集結成書。

他寫書的習慣一直沒變，至今已出版了7本書，也因為出書，認識了幫他設計封面的新女友李小姐，兩人都熱衷街頭運動，有很長一段時間，每個週末在西門町有一群人舉著「台灣獨立」的超大旗子，宣揚台獨理念的，其中一定有林樹枝的身影。可惜最近因為早年腳踝受傷，走路越來越困難，才結束他的街頭人生。

寫書也曾造成他很大的困擾。他就曾因批判施明德而被告，施明德恩將仇報，還提出附帶民事賠償之訴，法院判林樹枝要賠施100萬。林樹枝說，反正他一無所有，無所謂。施明德還控告當年為了掩護他而坐牢的高俊明牧師，引起獨派一陣嘩然。

林樹枝和街頭兄弟「賑腳」。　△林樹枝聲援蔡許台獨案。

　　他關心政治的熱情未減，他目前最想做的是，建議民進黨政
府，在推動轉型正義時，別忘了比照國民黨對老榮民的照顧，至少
幫因為政治受難而無後者及生活困難者，照顧好他們生前死後的安
排，例如老芋仔有「軍人忠靈塔」，白色恐怖受難者目前只有一個
六張犁公墓，還是當年被槍斃者的亂葬崗整建的。

　　只是，連二戰期間戰死海外的台灣亡靈都還由日本靖國神社在
祭拜，官方不聞不問。林樹枝的期待，能不能有成真的一天呢？

　　　　　　　　　　　　　　　　　　　　（原載2016.10.10.民報）

那些年我們一起丟汽油彈的日子
——台建25週年台中重逢

　　起初是台中教育大學的一場演講會，會後的聚餐，竟然變成25年前震驚全台的台建組織成員舊地重逢的一場感性聚首。

　　話說當年李登輝剛當上總統不久，雖然號稱已經解嚴，他卻任命郝柏村當行政院長。而郝柏村也很強勢的推動「國家統一綱領」，並對主張台獨人士以「預備內亂」治罪。

　　那時鄭南榕剛自焚不久，獨派人士悲憤之情難消，黃華和林永生繼鄭南榕的未竟之志，持續推動「新國家運動」，黃華因而面臨第四度坐牢的命運，陳婉真說，萬一黃華被抓，她就接替黃華，和林永生一起持續推動這個運動。

　　他們已經討論到新國家的國旗國歌等問題，國號當然就是台灣共和國，首都應該設在台中，所以選擇相對較保守的台中，成立「台灣建國運動組織」，擺明「我就是要叛亂，好膽你就來抓」，還在忠明國小操場舉辦一場「叛亂餐會」，刺蔣案的黑名單人士鄭自才在會場現身，陳婉真收到的「偵」字第一號內亂傳票在會場公開拍賣，由沈富雄以6萬元標得。陳婉真公然宣布，台建組織的所有行為，都是行使人民的基本權利，特別是人民有抵抗權，鼓勵人民對抗不義的政權，大家有權利、更有義務以任何方式把它推翻。

　　那是1991年夏天的事。陳婉真在1989年闖關回台後，對黑名單的抗爭始終持續不斷，海外由世界台灣同鄉會發起的回台舉行年會，也是一項高難度的挑戰，因為世台會人士中有很多人是國民黨的黑名單，根本回不了台灣，然而，由於鄭南榕及詹益樺的自焚，讓很多人下定決心，即使犧牲生命也在所不惜，一定要打破黑名單，爭取台獨結社權和言論自由等人權。

　　台建組織起初有計畫的訓練來自各地的志工，課程有理論也有

實作演練，實作時就教導學員製作汽油彈。因為陳婉真和林永生都認為，對抗殘暴的國民黨政權，如果一再強調什麼愛與非暴力，只會被國民黨「看破手腳」。

這中間還發生了一件意外的插曲，某天義工開了一部載有汽油彈的戰車，在北屯國民黨台灣省黨部附近遇到巡邏的警車，不小心擦槍走火，雙方言語衝突中，義工竟然然拿起汽油彈丟向警車，引起警察對著車輪連開十多槍，當晚並引致二千多名鎮暴部隊包圍台建組織總部，雙方衝突一觸即發。

那一夜，來自全國各地的人士聽到消息紛紛自動自發集結，陳婉真把三樓面對馬路的窗子全部拆掉，全身淋濕汽油，陽台上擺了二大二小共四桶瓦斯桶，及一箱箱的汽油彈，隨即請總部的人全部撤離，留她一個人和鎮暴部隊拼了。

只是，任憑她怎麼拜託，總部裡面近百名義工不願離開，林雀薇、黃山貞等好幾位戰友一個個上前和她擁抱道別，還說感謝她給大家這樣（為國犧牲）的機會，這倒令她十分為難，唯恐死傷慘重。

警方也不時透過省議員張溫鷹拜託記者進入查看情況，好幾位記者一到現場就哭了，台灣教授協會廖宜恩教授也哭了。

很多人利用各自的管道不斷協調，民進黨中央正在討論台獨黨綱是否列入，事後有人透露，的確是因為台建衝突不斷升高，台獨黨綱順利通過。

雖然當晚警方評估後，為免傷及無辜，鎮暴部隊撤離，但不久，包括林永生、許龍俊、鄒武鑑、江蓋世，及台北的張燦鍙、郭倍宏、王康陸、李應元，連同已入獄的黃華，全部被捕，陳婉真在逃亡三個月期間，把台建組織的抗爭過程寫成一本書後，也在1992年農曆大年初五被捕入獄。

這是台中空前絕後的一場激烈抗爭，除了在現場的義工之外，還有無數人默默付出，連很多記者都變成同一陣線的人。像今天的

聚會中張棋龍才透露說，台中看守所因為限定每人只能看幾份報紙，立場較親獨派的民眾日報根本看不到，他在林永生等人入獄第一天即在報社發起小額募捐，由報社同仁捐款，江蓋世等人坐牢七個月中，每天都看得到民眾日報，這事讓江蓋世感念至今。

今天的聚會，算是一場遲了二十五年的感恩餐會。而江蓋世今天在台中教育大學的演講，就是講到他兩次坐牢中學習台語的經驗，他認為母語是打開台灣認同的一支鑰匙。除了已經往生的林永生之外，當年被關在台中看守所的四人全員到齊，還有三位當年偏獨派的記者、兩位那時還是學生的中教大及中國醫藥大學教授，以及江蓋世的助理，那時都還是小朋友，而今已經是市長林佳龍的堅強助理群。

一位當年還是小朋友的影像工作者形容說，台建是中部土生土長的革命團體。陳婉真說，它不算成功，因為時間太短，人員來不及組訓，但至少當時就考慮到國旗國歌國名的設計，期待很多他們當年未完成的工作，年輕一輩能以更有創意的想法，開創自己國家的新路。

（原載2016.5.5民報，陳婉真以陳文霞筆名發表）

▽台建組織位在台中西屯路的總部，總部招牌在林永生等人被捕後遭警方拆除。

△台建 25 週年適逢江蓋世受邀到台中教育大學演講，會後江蓋世安排聚餐（照片由江蓋世提供）。

古坑夜談憶黃蘇

△他是家財萬貫的富家子弟，全東勢厝肉眼看得到的土地都是他家的，他擔任過一屆鄉長、五屆縣議員、四屆嘉南農田水利會代表，畢生和弱勢者站在一起，拒絕和當權者妥協，散盡家財而不悔，是雲林政壇的傳奇人物。維基百科查黃蘇這個名字，只說是一種植物。（陳婉真翻拍）

　　1977年的「中壢事件」，造成違紀參選的許信良當選桃園縣長。那是戒嚴時期第一次有人敢公然挑戰國民黨，還打敗國民黨提名候選人的大事，不但如邱連輝、張俊宏、林義雄等多位黨外人士分別當選縣長或省議員，國民黨的作票、買票等手法，首次遭受到強勁的挑戰。是台灣選舉史上重要的里程碑。

那一年的雲林縣就沒那麼幸運，代表黨外參選的黃蔴，一樣遭到作票，一樣在古坑發生群眾抗議事件，警察荷槍實彈和群眾對峙，可惜黃蔴沒有學會許信良那一招——跑到台北洗三溫暖，讓他們找不到人。黃蔴最後出面安撫群眾情緒，並保證一定會打官司追究到底。

雖然事後姚嘉文及林義雄兩位律師幫他打選舉官司，並把選舉及打官司過程寫成一本書《古坑夜談——雨傘下的選舉》（因為對手林恒生選舉時大送雨傘，鄉下人揶揄說，果然是躲在雨傘下暗無天日的選舉。）還是無法改變落選的結果。

一轉眼，「古坑事件」已經是39年前的事情，年輕人聽都沒聽過這事件，黃蔴何許人也？查閱維基百科，竟然說是一種植物。台灣人的歷史失憶症真是何其嚴重。

已經在10年前過世的黃蔴，他的夫人黃唐露也正在和病魔奮戰中。回憶起黃蔴一生30年選了19次，而且都以黨外人士身分參選。一輩子為鄉梓服務，以個人的力量和國民黨政權對抗，散盡家財而無怨無悔，台灣政壇應屬僅見。

黃蔴的父親黃文斗，是雲林縣東勢厝首富。他一生最大的興趣就是買土地，土地最多時曾有將近5百甲，三七五減租及耕者有其田時被放領了一大部分，剩下一百多甲。他後來採取多角經營模式，除了繼續買進土地之外，也開設磚窯、開旅社等，人稱「海口皇帝」。

黃文斗曾任東勢鄉第三、四屆鄉長；黃蔴選上第五屆；第十三、十四屆鄉長黃德鴻是黃蔴的弟弟，父子三人共擔任了五屆民選東勢鄉長。

而黃蔴也不是屢選屢敗，他曾擔任雲林縣議會第三、四、五、七、八屆議員；嘉南農田水利會第二屆評議委員會常務委員、嘉南農田水利會第二、三、四、五屆代表，國民黨極力想吸收入黨，他都不為所動。

到了後期因為對抗升高，黃蔴選省議員、國大代表、縣長都因被強力作票而落選。但他為人四海、熱心助人，他擔任議員時目睹海口人的窮困，極力為鄉人爭取福利，他不領薪水，散盡家財不後悔。因此，即使縣長選舉被作票落選，鄉人都暱稱他為「蔴哥」，又稱他「海口縣長」。

他的夫人黃唐露的父親是斗南首富，開設戲院、製糖會社及碾米廠，因為和黃文斗是好友，早早就把女兒嫁到黃家。

黃唐露說，她才剛從斗六女學校（斗六家商）畢業，在彰化銀行服務。有一天她大姐到銀行，告訴她有人來提親，姐妹倆邊哭邊回家，但因父命難違，就嫁過去了，那年她才17歲。

黃蔴是家中長子，那個時代為人長媳非常辛苦，她在娘家未曾做家事，嫁過去之後，婆婆又生了兩個小孩，十七、八歲的媳婦要替婆婆做月子，又要打理大家庭的大小事——每頓飯要準備包括公婆及祖母、小姑、小叔及長工等，加起來約二十人份的餐食。老公又風流，在外面有好幾位同居人，生了好幾個小孩，她全都忍受下來，因為她從小受的家教嚴格，也為了保護子女及家庭，她從未想過離婚，只在子女稍長大後，搬離傷心地，長住在台中。

那個時代還是存有男人可以擁有三妻四妾的習俗。不過黃蔴也很疼愛子女，每年過年一定回元配家吃年夜飯，和妻女合拍全家福，經常帶妻小四處旅遊，而黃夫人即便到現在回想起來，還是忍不住承認，她其實還是很愛黃蔴的。

黃蔴不善言詞，但他會以實際行動表達對朋友同志的關心。1991年底，一位他很欣賞的民進黨候選人在台北縣選立委，黃蔴主動到她競選總部說要陪她掃街拜票，因為台北縣雲林鄉親人數很多，大家都認識蔴哥。他就這樣每天和候選人站在宣傳車上走遍台北縣大街小巷，陪了整整一個星期，開票得知當選時，他已經悄悄回雲林去了。

陳水扁當選總統之後，感念黃蔴在雲林縣的努力，禮聘他為總

統府國策顧問，那時他的健康狀況已大不如前，不久即於2006年過世。過世前他的國策顧問薪水，因為兒媳的債務問題，還遭按月扣薪還款。海口首富之子，為了清白從政，拒絕加入國民黨，死時幾乎身無分文，但喪禮辦得備極哀榮，曾受他恩惠的鄉民絡繹不絕，前去送他最後一程。

他的兒子黃國城說，其實爸爸在美麗島人權日事件時，也到了會場，可能因為父親不善言詞，每次有人要他上台演講，他就迅速離開，以致未曾被捕。但他一生堅持不與國民黨為伍，明知必然落選的選戰仍屢敗屢戰的精神，雖然自己出身富裕之家卻能苦民所苦，永遠和弱勢者站在一起，是台灣政界難能可貴的典範，是永遠活在雲林人心中的「蘇哥」。

（原載2016.5.26.民報）

悼念我的《潮流》同事石麗鐘

　　在石文傑老師的臉書上得知石麗鐘過世的消息，令人震驚與不捨。

　　1978年因為美中建交，選到一半的增額中央民意代表選舉喊停，國內政治氣氛一片肅殺，包括黨外助選團及所有候選人與助選員人人自危，幾乎都做好隨時被捕的心理準備。

　　我們當然不可能乖乖等著就逮，施明德和許信良等人籌辦美麗島雜誌，我則早一步在省議會辦《潮流》地下報，省議會開議當天晚上我和吳哲朗兩人各寫完一面的新聞版面，由我拿到台中一間快速印刷廠印刷，第二天一大早我到印刷廠拿到報紙後直奔省議會，當場發送，每天如是。

　　那是第六屆省議會剛開始不久的事，南投在地的省議員張俊宏一堆死忠支持者幾乎天天泡在省議會，台中的政治受難者陳博文也主動提供一大疊照片，就這樣成為《潮流》的攝影記者，這些人士變成《潮流》的發行人，一下子就散發到全國各地，很多人還會主動拿去影印發送，在那極度低氣壓中，《潮流》成為唯一為人民發聲的地下小報。

　　《潮流》也接受各界人士捐款，在台中從事腳踏車出口事業的陳文輝就是我們的金主之一。

　　因為記恨中壢事件及橋頭遊行兩大事件，當時許信良成為國民黨首波打擊的目標，黨外人士紛紛在《潮流》報頭下刊登廣告聲援許信良，我記得每則廣告費六百元，算是協助我們印刷之用，《潮流》就這樣越辦越有小小的規模。

　　紀萬生看我們那麼忙，主動提供他朋友在台中一間透天厝的加蓋頂樓，作為《潮流》的辦公室，還幫忙找了一位石小姐當我們的義工，她就是石麗鐘。

石麗鐘小小年紀長得美麗又聰明能幹，我們雖然共事不久，多數時間我們不在辦公室裡，而且《潮流》辦到第41期後，我就出國了，但我始終記得在那肅殺恐怖的政治氣氛下，那位美麗的年輕女孩的勇敢參與。

她的哥哥石文傑參與更深，我沒有記錯的話，美麗島雜誌創刊不久，台中也成立辦事處，石老師出力甚大；石老師一邊教書，一邊寫文章，很久以後我才知道他有一個筆名是史為鑑，是當年知名寫手，至今筆耕不輟。

石麗鐘後來和員林的林勝利老師結婚，兩人都是民進黨老黨員，積極參與各項公共事務，每次選舉更是最佳助選員。石麗鐘曾被民進黨提名參選彰化縣議員，可惜那時民進黨參選縣籍民意代表還沒有選上的先例；後來則受制於地方上黨內派系的角力，讓她有志難伸；林勝利曾當選過第三屆國大代表。

△她是我的《潮流》同事石麗鐘，曾幫黃順興助選，也曾當過謝聰敏的國會助理，她是彰化縣第一批明知當選希望渺茫，卻勇敢出馬競選縣議員的女性之一，沒有他們的披荊斬棘，就沒有四年後魏明谷當選縣議員，如今成為縣長。

石麗鐘平日注重養生，雖然年屆六旬，依舊年輕漂亮，想不到一年前發現罹患肺腺癌，雖經積極治療，終究於12/27病逝，享年60。石老師說她不抽菸，不知何故會罹患肺腺癌，我則懷疑受到台化污染所致，因為家母也住彰化，也是肺癌奪走她的生命。彰化縣肺癌死亡率一直高居全國第一。

　　石麗鐘沒有全國的知名度，現在彰化縣的民進黨員認識她的應該也不多，在上位者更不用說了（賴清德因為和林勝利曾是國代同事，曾協助安排病房），而我會永遠記住這位勇敢的老友，台灣的民主成就，像她這種人才更值得我們敬佩，不是嗎？

　　她是我們的漂亮寶貝，她的告別式在元月七日，前幾天謝聰敏夫婦特別來電要我轉達他們對她的謝意與哀悼，我一定要去送她最後一程。

（原載2017.12.28陳婉真臉書）

走街頭

173

鄭南榕自焚 27 週年誌

多麼希望27年前4月7日那天的事情不要發生。

那天,郭倍宏在電話中告訴我:「時代雜誌社被攻堅,鄭南榕自焚死了。」

我驚呼一聲,眼淚止不住一直流,我邊掉淚邊向郭倍宏說:「我回去參加他的喪禮!」郭倍宏說好,他會協助。

在那之前不久,鄭南榕曾到美國及日本走了一趟,到加州時特地到我在蒙特利公園市的書店找我,那是我這輩子第一次,也是最後一次見到他。

鄭南榕話不多,煙癮很大,總是帶著微笑,但眼光銳利,他是那種思考速度遠快於講話速度的類型。

除此之外,我已經記不起我們談了哪些事,但我清楚記得他回台後不久,得知他開始自囚時我很著急,正好吳乃仁到洛杉磯,我問他:「Nylon(黨外人士對鄭南榕的暱稱)自囚,不會出事吧?」他竟然丟給我一句話:「麥睬伊,嘿是抓耙仔!」就和張維嘉去拉斯維加斯賭博去了。

要說鄭南榕是抓耙仔,在那個時代確實有人會相信:他的父親是福州人;他在朱高正最紅的時候,不惜在民進黨全國黨代表大會中和朱打架;在黨外雜誌每出必禁的年代,只有鄭南榕的雜誌可以維持按時出刊……。

而他的行事作風更是言人所不敢言,為人所不敢為:他是第一個提出追究二二八事件真相的人;他第一個公然在演講會場上說他主張台灣獨立;第一個刊登許世楷的「台灣新憲法草案」;在江南案後第一個公開在雜誌上轉載《蔣經國傳》;第一個主張廢除戒嚴並發起「五一九綠色行動」,還在雜誌刊登了一張把蔣經國五花大

綁的漫畫；第一個發起「新國家運動」環島行軍活動……。他的許多行為，現在回顧起來，都是極其正確的方向，卻至今無人能超越，甚至有些還在原地踏步或在倒退中。

山河落淚

我是受到鄭南榕自焚的感召，決定突破萬難，無論如何都要回來送他最後一程的。

或許冥冥中有鄭南榕的保佑，儘管前一年闖關回台，被扛豬式的原機遣返美國。這次我順利回來，在全國四處遊走，那時各地很多人士自發為鄭南榕設置靈堂，我還跑到萬華龍山寺的靈堂向Nylon祭拜。

出殯當天，我是最後一個趕抵士林廢河道式場，最後一個瞻仰遺容，隨即跟著出殯隊伍一路走到總統府前，目睹詹益樺自焚後，被袁嬤嬤拉到蔡明華家，吃過晚飯後自行到朋友家過夜。

▽鄭南榕出殯隊伍（感謝邱萬興提供照片）。

我忘記是哪一天回到台灣的，回台後接應我的謝史朗立刻帶我去找邱義仁，我們到他住在汐止依山傍水的豪宅，他看到我非常吃驚，隨即回神過來說：「你轉來衝啥？」我說我會去參加鄭南榕的喪禮，想和他討論接下來怎麼抗爭，才能給國民黨最大的一擊，他說：「你就等著被抓吧。」隨即冷冷的和我道別，謝史朗不久就被新潮流開除。

出殯時，我的身邊一直有很多人把我團團圍住，深怕警方會衝進來抓人。當詹益樺自焚時，我只看到一個人全身著火奔向拒馬，旁邊很多人喊：「阿樺，阿樺自焚了……。」我以為是黃華。現場一片混亂，我的腦子也一片混亂。

突然，母親出現在我前面，她是看到電視報導，嚇了一大跳，立刻由彰化趕來看我，我卻大聲斥責她：「你來做什麼？」因為那麼危險的時刻，我不希望萬一她看到我被捕，真不知道她會做出什麼事來。

如今回想起來，母親的心不知有多痛……。

新國家　臺灣魂

第一次見到葉菊蘭，她很傷心，但很堅強。她邀我去住她家，一些朋友也這麼建議，因為那是最安全的地方，警方不敢闖進去。

不只是我，後來一批批黑名單闖關回來，也都會去祭拜鄭南榕，但只要步出她家門口，警方的狠勁再現，有一次盧修一開車，載著羅益世等世台會朋友，侯友宜下令以催淚瓦斯從緊閉的車窗中硬插進去，把大家噴得眼淚直流。

不久，朋友把遠在美國的兒子帶回台灣，我和兒子在長老教會總會舉行翻牆回台記者會，是鄭南榕的弟弟鄭肇基開車載我去的。由於已經有兩人自焚，警方不敢強行逮捕，最後是請李勝雄及江鵬堅等人協調到派出所作筆錄，然後循司法途徑，依違反國安法「非法入境」判刑5個月。

假如沒有鄭南榕事件，像我如此「惡性重大」的人，不可能只判5個月；後來這5個月刑期也成為黑名單返鄉的既定刑期，5個月又可易科罰金，對無數長期被阻絕於國門的黑名單人士來說，真是太便宜了。

　　因此，緊接著一波波的黑名單返鄉潮，全都要拜鄭南榕之賜，才能如此輕易被突破。

　　1991年的台獨結社權及刑法100條預備內亂罪的廢止也是如此。

　　由於黃華及林永生延續鄭南榕未竟的「新國家運動」環島行軍，黃華面臨第四度坐牢，我決定和林永生在台中成立「台灣建國運動組織」，公然教導義工製作汽油彈，聲明不會主動出擊，但若警方強行攻堅，一定全力還擊，行使人民抵抗權。

　　如果沒有鄭南榕自焚事件於先，警方不可能「放任」我們把抗爭的尺度無限延伸到跡近暴力的階段；如果沒有我們在台中的強力抗爭，民進黨不一定能順利通過「台獨黨綱」；外加李鎮源院士的出面領頭，刑法100條預備內亂罪終於除罪，才有今日台灣人可以主張台灣獨立建國的言論與行動自由。

　　我們不捨鄭南榕的自焚行動。但他的確是「焚而不燬」，除了大幅擴充了反國民黨運動的張力之外，他成了台灣少數足以成為典範的人物，他的高瞻遠矚及超強行動力，至今無人能及。

　　只是，27年過去了，他所揭櫫的新國家新憲法，他留下來最著名的兩句話「獨立是唯一的活路」、「剩下就是你們的事了」，我們還記得嗎？我們做了嗎？

（原刊於2016.4.4～2016.4.6.陳婉真臉書）

民主萬應公／王朝鑫

台灣有一句俗話：「脫赤腳的打鹿，穿皮鞋的吃肉。」民進黨創黨迄今30年，過程大抵也是如此，也就是打天下的是一批人，得天下的是另一批人。

在台中市的民進黨發展史上，有兩個人相當特別，他們算是台灣經濟起飛年代的「田僑仔」，意思是擁有很多土地的大地主，兩人都因為參加民進黨而被鎖定，都市計畫檢討時，他們的土地總是被優先徵收。他們是范政祐和王朝鑫。

范政祐早在黨外時代就喜歡參選，但每選必敗，他還是屢敗屢戰，競選期間，他曾出一本小冊子《為落選而競選》；美麗島事件後曾被捕被刑求，被「毆打、罰跪、不准睡、拔鬍子」；民進黨成立後，他順理成章成為黨員。自然科學博物館東側西屯路、健行路、博館路包圍的區域，原本都是他的土地，全被徵收納入科博館範圍。

王朝鑫家族是國民黨的地方派系，他的姨丈林傳旺，日治時期任北屯庄長及台中州議會議員，戰後連任台中市六屆市議員、一任副議長，及第四屆台灣省議員，也是農會總幹事。王朝鑫的父親是市農會重要幹部，從小他就看著父親幫姨丈、幫市長張啟仲等人買票助選。父親邊助選邊告誡他，以後絕對不可以參選。

他常自嘲不喜歡上學，初中讀了6年，轉了好幾所學校，他每天揹著書包出門，卻是獨自一人跑到荒野閒逛，因為留在家裡更辛苦，要幫忙種田，「那時要跪著搓草，有時搓著搓著，旁邊美軍住的房子裡丟出開過的空罐頭，一不小心，被罐頭邊緣割傷流血是常有的事。」那是越戰期間大量美軍駐紮台中的情景。

所以，當父親為三七五減租、耕者有其田而煩惱，甚至和土地銀行打官司時，他心中倒是暗自高興，因為田地少一點，他可以少

做一些農事。

　　他倒不是因為這樣故意去參加民進黨的。而是他畢業後靠著父親的人脈進入台中銀行，「我不會打算盤，不會記帳，你說怎麼能到銀行上班？」但王朝鑫靠著家族的人脈以及自己的努力，年年業績長紅，他還一邊在銀行上班，一邊開了台中市首家有歌星駐唱的「天王餐廳」，因此對於娛樂圈一些不為人知的潛規則他知之甚詳。

　　他後來因為家裡發生一些變故，把餐廳結束後，獨自一個人到西班牙，算是一種逃避。卻在那裡遇見一位初中老師，又碰到在比利時的台獨聯盟成員何康美，老師說她寧可遠走他鄉開餐廳洗盤子，是因為不想違背良心誤人子弟，但王朝鑫還年輕，一定要回故鄉打拼；何康美則灌輸他台灣獨立建國的理念，他被說服，又打道回府。

　　剛好回台後不久碰到民進黨組黨前後，是台灣街頭運動正盛的時期，那時每有諸如520農民運動、鄭南榕的新國家運動等，他都出錢出力，需要動員到台北抗爭的，他就和前立委劉文雄兩人負責遊覽車資及所有人員的便當等費用。民進黨成立時，他說台中市「輸人不輸陣」，一定要成立市黨部，由首任主委陳博文提供場地，其餘經費不足的，絕大多數都由他支應。

　　由於他的目標過度明顯，台中市科博館對面原本日本人規劃的綠園道，已有一部分被解編，全國大飯店就是最明顯的一例，而他家的土地，也就是目前英才路以西，從公正路到民生路一帶，全被劃為綠園道，加上在存中街的長條狀停車場，總共被徵收了2甲多的土地，他不後悔，也沒有退縮，經常參加街頭運動，出錢出力，公職人員選舉時，他出錢不手軟；一些街頭兄弟生活困難的，他也常私下給予若干生活費用。

　　他嫉惡如仇，對於民進黨內有些「打假球」的人與事，他都看在眼裡，忍不住時就會出面召開記者會公開抨擊，他曾為此被黑道

綁架險些喪命。但對於真正為獨立建國努力的團體或個人，他都全力支持。史上最「衝」的「台灣建國運動組織」在台中成立時，他幫忙租屋，出錢出力，但在衝突最激烈時，他竟然被懷疑是「抓耙仔」。

他還是不氣餒，建國黨成立時，他提供自家房子當建國黨台中市黨部，同樣出錢出力，只希望讓真正有建國理想的團體能壯大。

王朝鑫不為人知的是，他對於地方事務及教育問題一樣關心。

例如他曾擔任中正國小家長會長，發現很多家長會長是由地方民意代表擔任，有些人甚至勾結便當業者，剋扣學童營養午餐的費用，他不避諱的予以揭發，終於逼使市政府重視改善。

他也自費提供學校成立一個「中正基金會」，幫助家境較差學童的各種問題。當時的市長林柏榕得知後也樂意幫忙，至今這個基金會仍運作順利，嘉惠很多學童。有些學生到現在都還和他有往來，讓他深受感動。

△王朝鑫曾罹患癌症末期卻奇蹟復原，有藥商企圖請他代言，他不但嚴詞拒絕，還召開記者會告訴社會，只要聽醫囑好好治病，癌症可以治好，不要誤信偏方或花大錢買藥。

「比起那些政客，你捐多少錢給他是其次，上台後所作所為和國民黨的政客沒有兩樣；這些學生，我們只付出一點小錢，就能改變他們的一生，那才是最令人感到欣慰的事。」王朝鑫說。

15年前，他發現罹患鼻咽癌，而且已經擴散到腦部，所有人都認為他可能不久人世。想不到他靠著堅強的意志力，治療過程中接受很多至為痛苦的折磨，他都撐過來了，到現在除了一些後遺症之外，行動自如。一度曾有販售抗癌藥物者打算請他代言，不但被他嚴詞拒絕，他還召開記者會，力勸不幸罹患癌症的朋友不要相信偏方，只要相信醫師的決定，保持心情開朗，癌症不是絕症。

好友們倒是常笑他，因為他這個人太難纏，連閻羅王都不敢收。

自從生病之後，他拒絕和外界聯絡，有些街頭兄弟也找不到他，一度讓兄弟們相當不諒解，以為他和絕大多數公職人員一樣不理他們了。等得知真相後，好多人為了他的病情而抱頭痛哭。

△前法務部長陳定南是王朝鑫少數尊敬的偶像之一，這張陳定南到王家拜訪的合照，一直放在王家客廳。

30年一幌而過，王朝鑫自忖政治這條路他已使不上力，目前全心擔任綠園道上一間萬應公廟的主任委員。因為他記得父親在世時曾經告訴他，這裡埋骨的無名屍骸中，有不少是二二八事件被國軍打死的人士。父親說的時候還面帶惶恐，也不想多說。但王朝鑫印象深刻的是，自從他擔任主委後，曾看到一名「外省」口音人士常到廟裡拜拜，看起來像是在向這些冤魂致上深深的歉意。

　　他現在每天一大早就徒步到廟裡打掃周邊環境、開廟門、燒香、巡視四周，等到工作人員來了之後，他才回家，下午又到廟裡，同樣的工作又做了一遍，等工作人員離開後，他誠心誠意的整理周遭，掃到路上不見一片落葉後，才關上廟門放心回家。

　　「改變心境，無牽無掛」是他在罹患重病後得以重生的心情轉換。他的建國理想或許一時之間還無法達成，但「做自己能做的事」應是他走過生死關頭後，給好友們最大的啟示。

（原載2016.10.23.民報）

民主扛轎夫的牽手——悼陳美華女士

　　第一次看到李碧芬這個名字，都直覺以為是女性，其實他是不折不扣的男子漢。

　　他從事油壓類的「黑手」事業。真正的產品是什麼，不是他這一行的，很難解釋清楚，反正例如大卡車的升降配備，或有些大廈的大門，都會用到油壓製品。

△台灣的民主發展，最可貴的是像李碧芬及陳美華夫婦這種出錢出力無所求的民主扛轎夫。眼看民進黨再度執政，美華卻離我們而去，令人不捨（陳婉真翻拍）。

他從清水高工畢業後，就在田尾自家附近田地蓋起鐵皮屋，開設工廠，因為技術精良，生意很好，即便在景氣最差的這幾年，有些客戶捨不得買新機器，舊機器有些毛病的，別地方修不好，經過他的巧手，總是讓客戶滿意的笑著回去。

他對待客戶與朋友，也永遠帶著一副笑臉，在地方上人緣很好。

會有這種好人緣，一半的功勞靠他的夫人陳美華。別看她個子纖細，工廠的粗活她也照做，家中大小事都由她一手包辦，對公眾事務她和丈夫一樣熱衷，尤其是鄰里間有活動，她總是去當義工，社區的工作她也從不推辭，和先生一樣，總是笑臉迎人。

在食安問題還未爆發之前，住在鄉間的人都知道農藥濫用問題嚴重，幾年前，李碧芬特別在自家附近買了一小塊田地，由美華帶頭，邀請左鄰右舍有興趣的婆婆媽媽一起來種菜，臉書上的「開心農場」遊戲還沒誕生，他們就在田尾開闢了一處不施農藥，真正的開心農場。

民進黨創黨初期，他們就是熱心支持者，也順理成章成為黨員。早期的民進黨基層黨員不但要遭不明究裡人士的質疑，還常常被當成暴力分子的代名詞。所幸因為他們在地方上長期關心公共事務的口碑，不但和國民黨宣傳的暴力分子差很大，也因為他們樂於助人，在歷次民進黨最難選的基層選舉中，他們都毫不猶豫，出錢出力，全力支持民進黨提名的候選人，選過之後，他們又回去做自家的生意，從未曾想要得到任何回饋。

陳水扁選總統的初期，一般並不看好，但為了衝刺，各地婦女動員成立「水噹噹」姐妹助選團，各地中小企業則成立「活力旺」的聯誼組織，兩人不但分別參與，並且努力擴大組織，可以說民進黨少見的基層組織及動員人才。

這樣一對認真打拼的神仙眷侶，眼看工廠生意穩定，學電機的兒子心疼父親的辛苦，特別回鄉接班，三名子女也都各自成家，兩人才剛開始想要規劃退休後的幸福人生，美華卻在兩年多前發現罹患了癌症。雖然夫妻都樂觀接受事實，也常找時間全家出遊，可惜美華的病情時好時壞，終於在本月11日宣告不治，結束短暫不到60歲的人生。讓許多他們的好友及接受過他們幫助的地方人士極為不捨。

　　就在美華病情危急的前不久，田尾鄉長因賄選被判當選無效，面臨補選，彰化縣長魏明谷曾兩度到李碧芬家，請他出馬參選，卻因美華的健康因素，加上李碧芬的意願不高，目前推出的候選人因為知名度不夠，能否像以往每有補選，民進黨必獲勝，還有待觀察。

　　民進黨成立十多年的2000年總統大選，陳水扁就能勝出，像李碧芬和陳美華這樣的堅定基層支持者，是最重要的扛轎夫。這次蔡英文得以獲勝，他們也盡了全力，雖然妻子美華的過世，讓阿芬多次流下男兒淚，也讓許多他們的好友至為難過，但對美華而言，只能說那美好的仗她已打過，她的為人與一生中對家庭、對社會、對國家的奉獻，好友們會永遠記住那美麗的身影。

　　美華的告別式訂在19日上午8點，李碧芬很低調，不敢驚動太多朋友。無法前去的，我們就在心中默默向美華致上感謝之意：台灣的民主能夠有今天的成就，她的付出是很重要的一份力量。

（原載2016.6.17.民報）

跑海外

從黑名單到 UN 和平大使
——陳錦芳的生命故事

△台灣藝術家陳錦芳及背後最大支持者——夫人侯幸君。

曾經是永遠考第一的模範生，出國不久就成了黑名單。

他是巴黎大學取得現代美術史博士的第一位華人，曾為了推動成立世界台灣同鄉聯合會，擔任全職義工長達10年，過著兒子生病都沒錢看醫師的窮困生活。

他會畫畫、作詩、寫文章，還自創畫派，並被列入世界藝術史，是唯一名列世界藝術史的台灣畫家。

他年輕時發下豪語：此生絕對不當官，卻成為華人世界擔任聯合國和平大使的第一人，也是有史以來第一位畫家以其藝術成就獲頒聯合國「全球寬容獎」，並榮任聯合國「寬容及和平文化大使」。

他是來自台南歸仁的陳錦芳，他在台灣只參加過一次考試，順利進入台南一中，此後直升高中，保送台大外文系；1963年取得法國政府獎學金，並順利取得巴黎大學現代美術史博士。

遠看是雲　近看是霧　你的身分一直不明
日間是山　夜間是海　有時又是湖中半島
瞬間驚豔　隨即隱沒　你的面紗何其多
遠看是玉　近看是土　你的肌膚何等粗糙
白天是火　夜晚是冰　有時又是一團雲霧
只看表面　你會失望　我是台灣的母親

這是陳錦芳在九二一大地震那一年，畫了一百多幅玉山的畫後，又作了近百首詩中的其中一首〈台灣的母親〉。

九二一大地震，震出藏在他內心深處對故鄉的深刻情感與詩興。他的太太侯幸君說，他是含著眼淚畫玉山，也想透過巡迴畫展及詩句凝聚台灣魂。因為陳錦芳在地震前不久，才找了10位畫家一起登玉山畫玉山，由於紐約有事提早下山，否則他們可能也會被困在災區。

陳錦芳說，他懷著從玉山帶下來的靈感回紐約開始作畫，想不到一下筆就源源不絕地一列的作品出現了，「像是玉山透過我在自我展現，炫出千姿百媚」。

1936年出生的陳錦芳，就學期間就有隔壁庄的醫師，透過地方人士表達希望他讀台大醫科，畢業後要把女兒嫁給他，以便繼承醫師的診所。但他出於對藝術的熱愛，父母也尊重他的選擇，選擇一條窮困年代極少人走的藝術路，也成為台灣第一位得到巴黎大學博士學位的難得人才。

　　70年代是台灣在國際地位上風雨飄搖的年代，陳錦芳取得博士學位後，一些熱心的台灣同鄉呕思成立「世界台灣同鄉會」，陳錦芳是主要推動者，當時包括蔡同榮、張燦鍙等人都已在大學任教，只有陳錦芳，一方面基於他自己對故鄉的關心，另一方面大家認為畫家時間比較自由，就由陳錦芳從法國搬到美國，擔任世台會籌備會的專職人員。從1973到1983年整整10年間，他是同鄉會的全職義工，曾經以220美元購買灰狗巴士車票跑遍全美；歐洲的同鄉會會刊《鄉訊》也在他手上創刊；海外台灣人每年舉辦人數最多的美東夏令營同樣是由他開辦，世台會、《鄉訊》的標章自然都是他設計的。

　　他也因而成為黑名單，很長一段時間，一些台灣的買家因為害怕被他「染黑」，不敢進他的畫室看畫買畫。

　　他推動成立了很多台灣人組織，印象最深的是台灣人的信用合作社，有一次他實在缺錢，向合作社申辦5千美金的貸款，卻因沒有固定收入，銀行存款又少得可憐，他所推動成立的合作社承辦人打電話向他道歉，表示實在無法借他錢。

　　「那時我們剛結婚，租了一房一廳的小房子，所有家具都是路邊撿來的，牛奶箱翻面就變成我們的茶几，結婚不久我們家就變成『人民公社』，都是一些關愛故鄉的留學生在家裡進進出出。我們窮得孩子生病都看不起醫生，有時連要寄文宣品的郵票錢都沒有。」即便是這樣，侯幸君說她不後悔，因為她知道陳錦芳在做對的事。

　　陳錦芳會畫會寫，更有他獨特的觀點，他於1969年自創「五次元世界文化觀」，在那東西方沒有交集的年代，他提出「時空合一（Time-Space Unity）」的概念，今日印證起來，不得不佩服他的先知先覺。

　　更不可思議的是，他的五次元理論中的「境況虛擬（Simulaculum）」，恰好就是網路世界中的虛擬實境現象，因此，

雖然他不懂電腦，卻有人稱他為「電腦藝術之父」，他的觀念是當代超前，技巧卻是傳統古典，而他的畫派也被稱為「新意象派（Neo-Iconography）」，是抽象畫派後最大的畫派。是唯一名列世界藝術史的台灣畫家與畫派。

很少人知道他是第一個把世界名著《小王子》譯成中文引進台灣的人士。他在巴黎大學的博士論文長達618頁，教授只改1個字後，給他最高成績畢業。他還有時間翻譯楊逸舟著的《二二八與蔣介石》，也因而由在台灣三民主義考最高分的模範生，變成國民黨眼中的黑名單，有21年的時間無法返鄉。

長期倡議世界和平的理論，陳錦芳於2002年獲頒聯合國「全球寬容獎（Global Tolerance Award）」，並榮任「聯合國寬容及和平文化大使」，他從2003年開始展開為期17年的「為人類而藝術世界巡迴展」，2009年北京奧運及2010年上海世界博覽會中，他都以這個頭銜辦理奧運及世博的特展。最近為慶祝台灣有史以來最大運動賽事的台北世大運，他同樣在他位於敦化北路的畫室舉辦畫展，展出多幅各項台灣奪冠的運動競技畫作。

「巴黎是陳錦芳的學習之所，紐約是最適合藝術家建立自己王國的地方；在上海每天有人來和我們談合作，只有在台北自己的故鄉，陳錦芳的畫室少人注意。」身兼陳錦芳經紀人的侯幸君說得有點無奈。他們目前在這4個城市都有畫室，其中以台北的收入最少，但基於對故鄉的情感，陳錦芳不只堅持保留台北畫室，自從1984年黑名單解禁後回台的陳錦芳，已經在故鄉舉辦過多次的畫展，他們特別重視藝術下鄉，因為陳錦芳夫婦都來自鄉間，他們的目標是希望讓嚼檳榔e都能來看陳錦芳的畫。

「40年前我和台獨聯盟主席張燦鍙說，台灣問題要先從建立台灣文化做起，他不以為然；40年後的今天，張燦鍙成立一個文化基金會，可見文化果然是建國的基礎。」陳錦芳說。

已經82高齡的陳錦芳依舊創作不綴，他們夫婦最近還在紐約中

城房地產最貴地段置產，想成立畫室，雖然因此又要向銀行貸款，他們想以自己的力量，證明台灣人的能力與能量，一如陳錦芳在一篇題為〈颱風〉的詩中所說：「來自那海洋的貪婪、自私、炮火；來自那大陸的凶殘、暴虐、霸道；來自那東方的無理、壓迫、剝削；我，玉山，凜然屹立，堅決反抗；用我厚實的胸膛擋住；用我盤結的架勢穩住；用我浩然的正氣壓住。」

　　這次是他透過玉山，展現一個台灣子民無懼風雨與壓力，昂揚站在世界舞台的無窮張力。

（原載2017.9.8.民報）

用畫筆搞台獨的黃根深

　　海外台灣獨立運動的大本營最早是在日本，隨著日本政府屈從於蔣家，打壓台獨運動，以及留美學生日漸增多，運動的重心逐漸轉往美國，並在1956年成立「台灣人的自由台灣」（Formosans' Free Formosa），簡稱3F。兩年後，因為美國司法部配合國民黨政權在美情治單位的威脅，企圖奪取參與人員的名單，要求3F應向美國政府辦理社團登記，領導者宣布解散3F，而於1958年成立「台灣獨立聯盟（United Formosans For Independence），簡稱UFI」，參加者僅散居在美東及中西部的少數人。

　　二二八事件後在日本成立台灣共和國臨時政府的廖文毅，因在台家人受到關押及財產沒收等迫害，1965年返台投降。海外台獨運動愈挫愈勇，1966年開始推動全美性的串連，組成「全美台灣獨立聯盟（United Formosans

△黃根深於 1990 年為台獨聯盟突破黑名單募款所畫的圖。上面一個三角形，下面一個圓形是早期台獨聯盟的標誌，旁邊還有郭清江、郭倍宏及李應元的簽名。

In America For Independence），簡稱UFAI」。並於1970年結合美國、加拿大、日本、歐洲、巴西等地台獨團體，成立世界性的台獨組織「台灣獨立聯盟（World United Formosans for Independence，簡稱WUFI）」。

1966年，台獨聯盟還是一個鬆散的小組織，因為國民黨特務及職業學生無所不在，很多人不敢接觸，曾有一個笑話：留學生在宿舍接到台獨的刊物時，為避免指紋被查到，要用筷子夾起來偷看。它不是笑話，是事實。

在美台獨聯盟的第一份較長命的刊物名為Formosan Gram《福爾摩沙通訊》（UFI時代陳以德曾出版了3期《美麗島》Ilha Formosa），前兩期的主編是黃根深。

「你知道留美學生大多數是讀理工科的，少數人如賴文雄、蔡同榮是政治科班出身，文史專才幾乎沒有。全美大概只有我1個人是學藝術的，畫插畫、做美編都沒問題，1966年我參加了兩次祕密會議，第二次就被指定負責文書及發行刊物，每月一期的Formosan Gram就在那一年開始出版。」黃根深說。

老家在萬華後驛的黃根深來自工人家庭，讀的卻是台師大藝術系（現改為美術系）。「父親起先也反對我讀藝術系，問我學畫畫能賺什麼錢，所幸師大的公費制幫了我很大的忙，畢業後又可以當老師，家裡也不再反對。」

黃根深結業（師大的學制是學業4年結業，外加1年的學校教書算實習後，才能取得畢業證書）後到東勢初中教了一年書，當完兵後就跟隨潮流考留考，到美國愛荷華州，一樣讀美術系。

他在1965年9月赴美，12月父親過世，那時出國留學要繳交2千美元的保證金，全是父親向親友借來的。黃根深聽到父親過世的噩耗，趕緊把2千美元寄回台灣，身上只剩美金2百元，他向學校辦休學，跑到洛杉磯打工，邊賺錢邊在加州大學洛杉磯分校（UCLA）修學分，不讓學業中斷。

在那人生最艱困的時期，他認識來自台中的賴文雄，兩人成為一輩子的好朋友，黃根深也在賴文雄的介紹下加入台獨聯盟。

「當時的組織還很弱，我們雖然開的是祕密會議，卻因其中有一個『抓耙仔』，沒多久我就變成『黑名單』了，家裡來信問我到

底在美國做什麼事，我就知道家中已被騷擾，所幸我們家是很普通的散赤人，比較不受特務的矚目。」問他抓耙仔叫什麼名字，他說因為沒有確切證據，組織也無法處理。

他為了繼續打工及完成學業，刊物編了兩期後，就交給王秋森及賴文雄等人負責，要畫插畫或漫畫時才找他。1971年回愛荷華讀書，畢業後到孟菲斯的田納西大學任教，退休後搬到洛杉磯。

從1966年加入台獨聯盟迄今，他的「盟齡」達51年，這超過半世紀的過程當中，台獨聯盟歷經「424刺蔣（經國）事件」及多次的內部鬥爭危機，他都選擇留在聯盟，直到2年前，他還是台獨聯盟的中央委員。「組織內部的紛紛擾擾是正常現象，只要大家獨立建國的大目標一致就好。」

許多人形容台獨聯盟盟員：「每次有什麼烤肉等活動，最辛苦工作的，大概都是盟員沒錯。」他的確是只要聯盟有需求，他都做：提供畫作讓聯盟去義賣、協助各台灣人社團的各項活動、幫台獨聯盟或同鄉會的刊物畫漫畫或設計封面（全美會發行很久的《望春風》雜誌封面也是他設計的）。他幾乎所有社團都參加：全美台灣人權會、台灣人公共事務會（FAPA）、全美台灣同鄉會等，都可以看到他的身影。他搬到洛杉磯後，停擺了十多年的美西台灣人夏令會也在他的努力下「復活」了。

鄭南榕自焚後，台獨聯盟在美國本部主席郭倍宏的主導下，推動一波波的黑名單返鄉運動，黃根深也捐了一些畫，作為運動基金。「很多同鄉在義賣會場買了我的畫掛在客廳，卻不知道畫的人是我。」都是在黃根深到那位同鄉家中看到畫時，對方才得知的。

他的夫人是二二八受難家屬，為了離開傷心地，先到巴西再轉往美國，兩人在美國相識結婚，如果在台灣，這個婚姻註定會受到父母的反對。「因為我家窮，1971年家母過世，我也無法回家。」對他的父母而言，送一個最會唸書的孩子出國竟成永別，卻也讓一位二二八受難家屬得有一段好姻緣。

黑名單解禁後,他也很少回台。「台灣這半世紀的進步太快了,快到我回來找不到回家的路;快到完全失去『台灣味』,回台灣對我而言,彷彿就像到另一個陌生的國家一樣。你現在問我台灣是啥?我真的說不出來,不只是外觀,傳統的價值觀也不見了,在新潮、摩登的台灣,越來越找不到從前的樸實、老實、誠實可靠等特質了。」他說。

對新政府的期待?「台灣現在的局勢很危險,蔡英文很認真做,真希望她可以仿效甲午戰爭後日本接收台灣時的做法,想回中國的人,政府協助他們回去,可惜看來她不敢這麼做。」

「台灣是二戰後留下來唯一沒有獨立的殖民地。事實上它是美國的殖民地,目前全台有90萬人有綠卡;共和黨捐款來源有10%來自台裔人士,很多美國人也知道台灣人想獨立自主的願望,台灣人自己卻從未公開具體表達過這意願,這讓想幫我們的友邦都無法幫忙。這問題一定要面對、要解決,否則什麼時候會變成強國交換的籌碼,也不是不可能。」

老台獨語重心長的建言,當政者可聽得進去?

（原載 2017.3.12. 民報）

△黃根深夫婦這次回台參加海外二二八家屬返鄉團,受到僑委會全程安排。黃根深說,以前一直要求政府撤銷僑委會,這次卻受到人家這麼好的安排,真歹勢。他的夫人是在高雄被彭孟緝派軍隊殺害的王平水之三女。

刺客兵團
——424刺蔣事件關係人側寫

在繁忙的台北市靠近吳三連基金會附近一家雅靜的餐廳裡，一群頭髮花白的老友聚會閒聊。他們其中有幾位剛由吳三連基金會洽談書籍的出版事宜後出來，兩位在台灣坐過政治黑牢的朋友也趕來。

他們談的書籍，是有關46年前發生在紐約的「424刺蔣（經國）事件」。前國史館館長張炎憲一上任就想做的424事件口述歷史，由於主角黃文雄非常低調，自己對於事件並沒有多談，張炎憲因而決定訪問事前事後參與其中的幾位重要人物，可惜他於兩年前，在美國獨立最重要城市的費城做口訪時，突因心肌梗塞過世；又因這些「刺客兵團」們散居世界各處，就這樣一拖兩年，兵團之一的賴文雄也走了。

△刺蔣事件前後參與很深的４位革命同志，左起：呂天民、張文祺、王秋森、鄭紹良。

這次的聚首，也是這幾位當年革命同志十多年來的首次重逢，因為遠在瑞典的張文祺已經十多年未曾回台，住在美國的呂天民和王秋森，分別在東西兩岸，見面並不容易，而回台定居的鄭紹良也常跑日本。近年因健康情況較差的謝聰敏特別趕來和大家相聚，美麗島事件因藏匿施明德案「二進宮」的林樹枝也來恭逢其盛，是一場海內外黑名單的大聚首。

張文祺　從海山館到哈馬星，從美國到瑞典

張文祺是海外台獨運動重心由日本轉到美國，並於1966年成立「全美台灣獨立聯盟（UFAI）」後，第一個放棄學業擔任聯盟的專職人員。他是台南的望族，阿祖時代就在安平開設「中和病院」，原本是漢醫，傳給祖父、伯父。日治時期高雄港開港後，張文祺的父親選擇到哈馬星開業，醫院同樣名為「中和病院」。

現已被列為台南市定古蹟的安平海山館，原是清代水師官兵聚會的「安平五館」之一，清末由張文祺的祖父買下，但土匪很多，他一個伯父因手上戴著金鍊子，土匪行搶時拿不下來，直接以刀子砍斷，伯父的手也因而留下一個大刀痕；又因家大業大，子孫散居各處，張文祺也不知道老家已經變成古蹟，有一次他回台南想進去參觀，向解說員說這是他老家，解說員根本不相信。

他的外公外婆都是清代移民台灣的第一代，外公林耀宗還是英國洋行和台灣做茶葉貿易的第一把交椅，外公的兄弟中留在中國的後代有一位參加革命黨，後來隨蔣介石到台灣，小時候常帶張文祺外去散步，後來卻和蔣介石不和而遠走新加坡。他對這位「唐山親戚」印象深刻，外婆說「唐山親戚」做的是「刣頭生意」。

外婆一定沒想到，後來這個小外孫也去從事「刣頭生意」。

張文祺最記得二二八事件時，他就讀高雄中學的哥哥負責在學校看管彈藥庫，可能因為太緊張，趁隙跑回家，父親看到兒子回來，立刻把他身上的制服帽子等全部脫下，丟到火爐裡燒掉。張文

祺還小，父親一邊幫人敷藥，一邊命他坐到牆角，說那裡最安全，子彈射進來也打不到。

他家隔壁一位擔任參議員的醫師，看到中國兵亂打人，跑出來說他是參議員，請兵仔不要再打了，想不到不但被以槍托打到重傷，還被帶回壽山部隊，不久，市民派5位談判代表到壽山和彭孟緝交涉，除了彭明敏的父親彭清靠之外全被殺害，彭清靠臨下山前拜託彭孟緝，讓他把這位醫師帶回去養傷，張文祺親眼目睹父親幫他敷藥治療，沒多久仍然不治。

張文祺在美國讀書時，結識瑞典女友，兩人結婚後不久，舉家遷回瑞典。鄭自才坐牢時，他的妻子（黃文雄的妹妹）黃晴美獨自帶著小孩住在瑞典，出獄後兩人雖然離婚，鄭自才也在瑞典住過很長一段時間，彼此時有往來。

呂天民　424 黑名單到環保署總工程司

家住彰化的呂天民，父親呂木火在北門口開設呂小兒科醫院，彰化著名的「北門口肉圓」最早是在父親診所外騎樓下擺攤賣肉圓，賺錢後才到附近自行購屋開店。

關心時事是很多彰化醫師的傳統，呂醫師也不例外，國民政府來台後彰化縣開始有縣長選舉時，第一次他們支持陳錫卿，第二次以後就轉支持石錫勳，可惜這位日治時代參與文化協會的石老醫師，每選必遭做票，卻屢敗屢戰，是彰化人反抗外來政權的重要標竿人物。

呂醫師和很多那一代台灣人一樣，曾經到過中國，戰後對國民政府有所期待，日治末期知道日本遲早會戰敗，疏開躲警報時，就利用時間教呂天民ㄅㄆㄇ，改朝換代後，老師不會講中國話，反而是呂天民的中文程度比老師好。

呂醫師的中國夢很快就破滅，特別是他熱衷為石錫勳助選後，和其他很多石錫勳的助選員一樣，成為特務長期監視的焦點，呂天

民和他幾位姐妹移居美國後，始終不准呂爸爸赴美探視子女。

呂天民是在1964年赴美，搭的是二戰期間美國人在3年間匆促製造2700台的「自由輪（Liberty Ship）」補給船，戰後台灣以廢鐵價買來改裝為貨輪「祥雲號」，從台灣到美國共花了43天，中途還曾遇到海上颱風，算是死裡逃生。

黑名單解禁後，他曾返台，正逢環保署投入1300多億元在全國各地興建垃圾焚化爐，公開招考總工程司，他被錄取。他記得署長是趙少康，招考人員問他有沒有做過焚化爐，他說沒有，因為他的專業是興建核電廠。主考官大概認為核電廠更複雜，既然會做核電廠，焚化爐一定沒問題，也不問他的政治主張，就錄取了。

環保署任內印象最深刻的是，有一次趙少康突然想要找世界知名建築師貝聿銘設計焚化爐外觀，呂天民和對方聯絡，對方立刻回絕，呂天民以他的「纏功」終於完成不可能的任務，現在還在使用的新竹南寮及新北市八里兩座焚化爐外牆就是貝聿銘設計的。

有關424刺蔣事件，他和多數人一樣，黃文雄主角不說，他們也不多說。只說刺蔣事件過後很長一段時間，美國聯邦調查局人員多次找他，並展示他們手中握有他參加遊行的照片等「證物」。事件過後他轉趨沉寂，也不再參加台獨聯盟，只關注台灣會館的設立，才慢慢擺脫美國安全人員的監視。

王秋森　有情有義，有主張有原則

王秋森的父親王文溢先生是很成功的生意人，年輕時曾到廈門經商，他從小常聽父親談到不愉快的「廈門經驗」，加上親眼目睹二二八事件等，對國民黨的本質知之甚詳。

他是家中老二，在學校成績頂尖，他一生只考過一次入學考試：國小畢業考上台中一中，此後一路直升高中、保送台大，服完兵役後赴美讀書，29歲取得美國知名的加州理工學院化工博士學位。

父親原本期待他能接掌家業，王秋森卻是一到美國就熱衷台獨

運動，全美台灣獨立聯盟成立，他是推手之一，隨後辦了一份中英文機關刊物《Formosa Gram》，他也是寫手之一。

他取得博士學位時，父親特地由台灣赴美參加畢業典禮，父子兩人環遊美國一週，他每到一處就郵寄許多謝聰敏起草的〈台灣自救宣言〉回台灣，那是早期台獨聯盟島內宣傳方式之一。父親很奇怪的問他：「你怎麼有那麼多寄不完的信？」

很久以後他才知道，那次父親其實是想找他回台承接家業，父親說：「當教授有什麼用？還不是做美國人的奴才？不如回家接掌工廠，自己做老闆。」

父親對於他的決定非常失望，不過，當他得知兒子在搞台獨時，不但不阻止，有時還會問他：「在海外做這種事，有用嗎？」「你們有沒有武力？假如沒有武力，敢有法度？」財務上應該也給予相當的支持。

刺蔣事件過後，王秋森最令人感動的是，當鄭自才被引渡回美國坐牢時，被關在距離王秋森任教的雪城大學（Syracuse University）約60英哩的歐本監獄，那是專門關重刑犯的監獄，環境惡劣，身材矮小的東方人很容易被欺負，王秋森每週開車去探監，1年多從不間斷。

黑名單解禁後，他想返台任教，卻苦無機會，但畢竟他是學術上的實力派，後來還曾任台大公共衛生學院院長，他則謙稱那是因為想當院長的雙方爭執不下，他只是意外被選中而已。

由於妻小都在美國，目前王秋森雖然返回美國定居，除了持續在海外關心台灣之外，每年都會回台協助弟弟的公司從事一些公益活動。

鄭紹良　鎖在聯合國大門外

出身澎湖望族的鄭紹良，因為父親是比謝東閔早一屆的台中一中學長，日治時期曾任職於澎湖廳，戰後應謝東閔之邀，滿懷理想

去接收澎湖，不久就因不適應中國式官場文化而辭職。

曾跨越兩個政權統治，目睹國民黨到台灣後的亂象，尤其澎湖算是最前哨，鄭紹良只記得戰後那幾年的澎湖，用一個「亂」字還不足以形容。因此，到美國後，他很自然成為台獨聯盟的熱心盟員。

60年代因為留學生不多，台灣的經濟情況還很困難，先到的留學生都會主動照顧後來者，幾乎每個學校都有舊生到機場接新生，並協助他們各種生活所需的傳統。

有趣的是，到了美國之後，台灣人與「外省人」之間涇渭分明，各自有同學會或同鄉會等組織，若不小心到機場後發現接到的新生是對方的人，都會很有默契的把新生送到各自的陣營，不會互相「搶人」。

鄭紹良和前述幾位一樣，四處找新人、拜訪同志幾乎成為他們的本業。雖然因為學業成績好，在美國都有相當好的工作，卻始終難以忘情台灣的獨立運動。

刺蔣事件後，台獨聯盟分裂成為主張和黃鄭兩人切割以保護組織；以及認為應對於付出那麼高代價的刺客給予全力協助的兩派。擔任台獨聯盟主席的蔡同榮選擇前者，把許多留學生辛苦打工而捐出的捐款，拿去聘請律師辯護黃鄭兩人是個人行為，與組織無關，導致許多人不滿而脫離聯盟，造成台獨聯盟大分裂，蔡同榮辭去主席。

在最危急的時刻，鄭紹良臨危授命，擔任台獨聯盟主席，雖然為期不到一年，卻剛好是台灣退出聯合國那年，他特地發起一項「鎖鍊運動」，結合世界各地台灣同鄉，同時在全世界20多處大城市，每人以鐵鍊把自己鎖住；參加人數最多的紐約，則選擇在聯合國大門外，以示聯合國對台灣人的不公，並展現台灣人想建立自己國家的意志，引起紐約時報大篇幅報導，他自己也撰文投稿該報，說明示威的意義。

奇怪的是，你若進入台獨聯盟的網站，查閱台獨聯盟盟史及歷任主席名單時，竟找不到鄭紹良的名字。鄭紹良倒是不介意，後來聯盟辦理盟員重新登記，他選擇不去登記，因為他其實也是心向刺客的。

秀才造反，50 年不成？

早年國民黨特務林立的時代，據說國民黨對於像馬英九這種職業學生的「職前訓練」時，教他們如何辨識「台獨分子」最簡單的方法，就是每有烤肉等活動時，工作最多、做得最辛苦的，大抵都是台獨人士。

海外台灣人方面則常常自嘲，台獨聯盟是全世界學歷最高的革命團體，幾乎人人都有博士學位。這是否正應驗了古人的一句話：「秀才造反，三年不成」？在台灣這種被國民黨強力洗腦的教育下，不只三年不成，恐怕再乘以20倍，也還是不成。

那麼，刺蔣事件，以及這些刺蔣事件前後大力協助刺客的兵團們，後人又將如何評斷這件事？

（原載2016.10.6.民報）

《刺蔣，鎮山》二二八遺孤的逆襲

　　他出生32天，父親就死了。從小家人告訴他：「你阿爸是二二八時被壞人槍殺的。」

　　「什麼是二二八？」他的心中充滿疑惑，無論是2＋2，或是2×2，他怎麼算都是2.2得4，為什麼2.2得8？每次問家人，得到的答案總是：「囝仔人有耳無嘴！」他只好閉嘴。

　　高三時有一堂作文課，題目是〈我的父親〉。他照著家人告訴他的、對父親的僅有印象據實寫：「我的父親在二二八時被壞人槍殺了。」

　　這下不得了，學校裡國文老師、導師、教官、訓導主任輪流逼問：「什麼是二二八？」「誰是壞人？」他也答不上來，因為那是家中的禁忌。

△二二八遺孤和他的革命伙伴，埋伏在洛杉磯中國城孫中山銅像右後方的屋頂上，預謀行刺蔣經國，不知什麼原因，台獨聯盟主席給他的行程有誤，以「鎮山」為代號的暗殺行動功敗垂成。46年來台灣人第一次經由這本書知道，原來想刺殺蔣經國的不只是黃文雄及鄭自才等人。

他回家告訴母親，母親驚慌失措，所幸他家那時是全高雄最大的日本料理店，母親的客人中有一些特務，托一些情治人員的指點，暫時先把學校作文課引起的騷動平息下來，母親感覺這個么兒如果留在台灣，遲早會被送到火燒島，決定送他到巴西。

他的大哥比他大14歲，二二八得知父親被槍殺後，祖父帶他到高雄州廳附近愛河橋旁，從一堆堆的屍體中找到父親遺體，士兵原本不讓人靠近堆放屍體的牛車，祖父塞了紅包，才得以把父親遺體帶回安葬，而父親原本身上戴的手錶、腳上穿的皮鞋早已不知去向。

大哥遭逢變故，必須扛起身為長子的責任，無法繼續唸書。直到1960年代日本政府開始計畫性大量移民巴西，很多台灣人便以日本移民雇用的農務人員身分，跟著日本人移民巴西。大哥自忖國仇家恨如此深重，決定搭上這班移民潮遠離傷心地。這時大哥那兒就成了他的避難所。

母親帶著這個么兒搭船航行兩個月才抵達巴西，他隨即在那裡展開新生活，不久轉往美國就讀大學，因為語言能力不足，先到成人學校讀英文，又因他在巴西學過葡萄牙語，和很多來自中南美洲講西班牙語的同學，因兩種語言相當接近，溝通上不成問題，結交很多好朋友。

那時期台灣的內政外交都遭逢很多問題。最重要的是蔣介石急於把政權交棒給兒子蔣經國；蔣家也想假籍研發核能發電廠等名義，成立核能研究所，偷偷發展核子武器；而以「中華民國」名義留在聯合國的席次也岌岌可危。

因此，在海外台灣人得知蔣經國將於1970年4月18日到美國訪問，次日到洛杉磯中國城向孫文銅像致敬。他開始認真推演暗殺蔣經國的過程，並和台獨聯盟主席蔡同榮單線聯絡，他本人則早在幾年前開始訓練體能及槍法，確立在蔣經國向孫文銅像致敬時，執行他的暗殺計畫。

藉著他的語言能力，他找了一位年紀相若，父親也可能死於二二八的台灣孤兒，及兩位中南美洲的友人成立一個暗殺隊，其中一人曾在尼加拉瓜擔任過桑定游擊隊隊員，可惜不知什麼原因，台獨聯盟主席告訴他的訊息錯誤，使他們原本演練多次，並偽裝為水電工，爬到中國城孫中山銅像後面的大樓上埋伏，準備讓蔣經國一槍斃命的超完美計畫落空。

5天後蔣經國在紐約遭黃文雄開槍卻未擊中。

西岸這邊的暗殺隊仍不放棄，在東岸的刺蔣案發生3天後，他們埋伏在洛杉磯和聖地牙哥中間一座核電廠旁，等著刺殺預定到訪的蔣經國，可惜經過紐約驚魂後，美國警方的戒備更為森嚴，根本沒有下手的機會。

這段有別於史上知名的「424刺蔣事件」雖然功敗垂成，這一組卻是準備最周延的一組，只可惜同志間不乏玩假球人士，導致他們黯然退場。然而，在黃文雄及鄭自才決定棄保逃亡時，這位遺孤毫不猶豫提供他的護照供鄭自才使用，他自己也因而被擋在美國國門外，將近十年後才解禁。

因此，在這本名為《刺蔣，鎮山》的書中，他決定不用本名，也不讓自己曝光，只把他所經歷的一段失敗的刺殺行動紀錄下來，讓台灣人第一次知道在將近半個世紀前，曾經有很多人不惜付出生命，也要打亂蔣家獨裁統治的接班布局，希望為台灣獨立建國清除橫亙路上的障礙。只是大家可能未曾想到，這清除路障的工作還真難，到現在還清不完。

（原載2016.6.11.民報）

＊《刺蔣，鎮山》作者出書時沒用本名，2017年帶海外二二八家屬返台巡迴不久，決定回台定居，也公開以本名王文宏出面，目前擔任高雄市二二八關懷協會理事長。

美國柯喬治紀念基金會回台舉辦政治受難者慰問會

　　由美國「柯喬治紀念基金會」（George H. Kerr Memorial Foundation）主辦的「戒嚴時期政治受難者慰問會」，18日中午在海霸王聚餐，兩百多位政治受難者參加。前副總統呂秀蓮、前台獨聯盟主席張燦鍙、前駐日代表羅福全夫婦、總統府國策顧問謝聰敏等多人都到場，他們有的坐牢，有的列黑名單，都是戒嚴年代受過政治迫害的人。

二二八經典名作：被出賣的台灣

　　柯喬治紀念基金會，是兩年前由陳榮成先生成立的。陳榮成在1960年代，翻譯柯喬治（George H. Kerr，柯喬治是音譯，有人譯為葛超智）所著的《Formosa Betrayed》（被出賣的台灣），這是二二八研究的經典之作。2016年再由台灣教授協會推出全新翻譯校註版本，由於邀集國內一流的翻譯、校註專家詳加考證，內容更臻完備。柯喬治紀念基金會現由陳榮成的弟弟陳榮良擔任董事長。

　　陳榮成在慰問餐會上致詞，他說《Formosa Betrayed》於1965年出版，他看到後非常訝異一位美國人竟然記載這麼多詳細的二二八歷史，因而將它翻成中文，後來也和柯喬治常有聯絡。

　　柯喬治1911年出生於賓州，終身未婚，喜歡收集古物。1937年曾在台灣教書，二戰時期負責美國海軍占領台灣訓練計畫的擬定，戰後被派任美國駐台副領事，親眼目睹二二八事件的悲劇，也曾向國務院報告此事。他同情台灣人的立場，導致他在1947年3月被陳儀以「不受歡迎人物」驅逐出境。

△慰問餐會現場。前方圓桌從左到右，依序為陳榮成、張燦鍙、謝聰敏。

　　柯喬治回美後，任教夏威夷大學、華盛頓大學、加州柏克萊大學，以及史丹福大學，主要講授台灣政治、歷史、文化等。但柯喬治因為主張美國應協助台灣人擁有台灣的主權，遭到美國學界親中（蔣介石、毛澤東）體系的排擠，被迫離開史丹福教職。陳榮成和他一直保持聯絡。他在1992過世，享年81歲，他把大體捐給醫院，沒有墓地。他的遺物與收集品，包括陳榮成寄給他的信件，都珍藏在台北二二八紀念館。

陳榮成、陳榮良兄弟的義舉

　　早年在海外，《被出賣的台灣》是唯一站在台灣人立場所寫的有關二二八事件最完整的一本書，海外台灣人幾乎人手一冊；後來前衛出版社在台出版，也創下極大的銷售量。譯者陳榮成也曾捲入1970年「四二四刺蔣（經國）事件」，黃文雄所使用的手槍就是他買的，因此很長一段時間，陳榮成也遭到美國政府的監視。

　　陳榮成之弟陳榮良本業是醫師，曾因服務一名街友，而該街友是一位發明家，陳榮良不但幫他治好病，還協助他重新創業，引起

好萊塢製片商的興趣，打算把這
故事拍成電影。

　陳榮良也是全美國唯一
獲選擔任加州首府沙加緬度
（Sacramento）「中華會館」主
席的獨派人士。美國各地的中華
會館多為國民黨所控制，陳榮良
憑其醫德與熱心助人累積的人
望，廣受歡迎而膺任此職，可惜
這次聚會，他因為臨時要照顧病
人無法返台參加；但兄弟倆對政
治受難者的具體回饋，以及創立
柯喬治紀念基金會的心意，柯喬
治在天之靈應該也會深受感動。

　（原載2017.2.19.民報）

△柯喬治於 1969 年攝於夏威夷住處（蕭
成美拍攝提供，翻拍自台灣教授協會出
版之《重譯校註被出賣的台灣》）。

△慰問餐會一景。參加者主要是政治犯和海外黑名單，都是戒嚴年代遭受政治迫害的人
士。

王泰和的人權路建國心

　　參與南加州台灣人社團的人士中，幾乎沒有人不認識王泰和，他主要關心的是台灣的人權議題；早年熱心台灣同鄉會活動，也曾擔任台獨聯盟中央委員，幾乎所有反國民黨的遊行活動都會看到他的身影，當然也很早就被列入黑名單有家歸不得。

　　黑名單抗爭末期的1992年，內政部長吳伯雄說「列註名單（他們不承認有黑名單）」不到5人，王泰和不相信，於是逐一拜託他的黑名單朋友去申請回台被拒，很快就集滿10人，和北美洲台灣婦女會合辦「美國台灣人權訪問團」回台，並由王康陸召開記者會公布黑名單人士姓名及被拒發回台加簽時地，打臉國民黨政府，當時很有影響力的《民眾日報》特別以「政府白賊，黑名單不只5人」為標題，對於加速黑名單解禁有一定的催化作用。王泰和也成為台灣黑名單問題的權威，至今保有當年文獻及海外黑名單人士資料。

　　王泰和本名王廷宜，和早年很多反國民黨人士一樣，為了欺敵使用化名，就一直用到現在。祖父時代從員林搬到大甲，地主之子的父親王錐是台灣文化協會成員，主要負責農民運動，和在大甲開業醫師彭明敏教授的父親彭清靠是好友，彭教授每次碰到王泰和就說：「細漢e時陣，錐仔伯時常抱我。」

△王泰和與台灣原住民。

彭清靠後來搬回高雄，在今大樹鄉小坪頂找到一塊水廠的土地，鼓勵王錐到高雄開墾，1941年出生的王泰和童年，就在寬廣又生意盎然的墾荒地渡過；也因為父親忙著開墾，二二八事變讓他逃過一劫，但二二八事件過後，國民黨政府指王錐「竊占國土」，把他們從日治末期辛苦開墾的土地全部沒收，父親無奈，帶著一家大小搬回大甲。

因為和彭家關係良好，王泰和台北工專畢業後，到彭明敏姐姐彭淑媛擔任校長的淡水工商教了3年書，而於1968年赴美留學，1年半就取得學位，並於1970~1976年間在紐約市教育局工程處擔任工程師。

決定赴美也和彭明敏案有關，由於和彭家算是世交，王泰和就讀建中時就常邀同學邱勝宗去找彭明敏；彭明敏案發生不久，擔任淡水工商總務主任的林中禮被烏頭仔車（官方的黑色轎車，此處指情治單位的車）載走了，王泰和告訴邱勝宗此事，沒多久兩人雙雙決定出國，邱勝宗到日本，王泰和到美國。

王泰和赴美時，正值越戰打得難分難解，台灣成為美軍重要補給及渡假基地，他搭乘的就是載送美軍來回台美的專機，機票比一般民航機便宜，從台北起飛到舊金山下機後，再搭灰狗巴士長途跋涉到學校報到，他先申請到猶他州的摩門教學校楊百翰大學（Brigham Young University），後來轉到堪薩斯州立大學（Kansas State University）。

早期台灣留學生都知道，堪薩斯州立大學是台獨的大本營，因為有幾位台獨聯盟重要成員都來自這裡。王泰和初到時，就是由一位黃金來教授到灰狗巴士站接他，到台灣同學會會長王康陸家，黃金來教授在車上全程和他說台語，王康陸夫妻邊請他吃飯邊對他「反洗腦」。

「那頓飯吃到現在還未消化。」王泰和笑著說，因為那頓飯吃完後，他從此一頭栽進海外台獨運動的深淵。

國民黨政權當時對台灣同學的打壓無所不在，例如有一次學校舉行外國學生節（foreign students festival），台灣同學會想參加，要先詢問國民黨控制下的「中國同學會」，得到的答覆是他們不參加，台灣同學會於是積極報名，中國同學會隨即反悔說要參加，並向駐芝加哥領事館打小報告，領事館發函給台灣同學會說「不得以地方（指台灣）名義參加國際活動」；同學會不予理會，領事館於是發函給每一位台灣留學生，強迫學生不得參加台灣同學會辦的活動。

領事館的報復手段也很直接，主辦的台灣同學會副會長黃靜枝剛好護照到期，到領事館申請延期加簽被拒，教授看不下去，幫忙寫信給國會議員，經議員施壓才勉予同意延長；但後來黃靜枝的父親過世、母親重病卻被拒絕返台。

有一年，台灣的少棒隊到美國威廉波特（Williamsport）參賽，王康陸和陳南天等台獨聯盟成員約二十多人租了一輛大巴士前往加油，想不到那時剛好有一連海軍陸戰隊士兵到康乃狄克州（Connecticut）受訓，國民黨政權指派該連陸戰隊成員到現場，兩邊人數懸殊，陸戰隊成員約有上百人，拿著棍棒，看到台灣人加油隊就一頓猛打，連婦女都不放過，陳南天和洪哲勝的妻子都被追打到旁邊的小山坡上，很多人受傷，王泰和親眼目睹，內心極度不忍。

1970年他剛到紐約上班不久，有一天中午看電視報導黃文雄刺殺蔣經國的新聞，那是第一次讓台灣問題呈現在世人的重大事件，王泰和對黃文雄及鄭自才兩人的行為佩服不已，認為這是台灣史上很重要的事，他個人所做所為完全不及他們兩人的犧牲與付出。

離開教育局後，他任職於北美航空公司，參與研發B1轟炸機，北美航空後來和洛克威爾（Rockwell）公司合併，最後被波音公司併購。

由於B1轟炸機是一種超音速可變後掠翼重型長程戰略轟炸機，是美國空軍很重要的戰鬥武器，所有員工就職時的安全審核（security clearance）非常嚴格，安全調查的對象連他的舅舅、同學都不放過，所有問題都要詳細據實填報，王泰和認為，台灣政府一定要參考沿用，特別是國防相關工作人員，一定要做好萬全的身家調查，否則像現在匪諜滿街跑，實在令人擔心。

1978~1985年間，他轉任南加州電力公司工程處工程師，那時核能電廠正夯，位在洛杉磯到聖地牙哥之間的San Onofre核能電廠二廠及三廠，都是王泰和任職時設計的，目前已除役。

△王泰和攝於林義雄母親及女兒的墳前，前排左二為林義雄，左三為王泰和。

根據他的經驗，核電廠營運30年後就要除役，而且每年一定要停機1個月進行維修，他回台時聽說台灣的核能電廠還在誇耀說可以連續48個月不停機，他嚇了一跳，「那是很大的冒險行為啊，萬一出事怎麼辦？」

而超過30年還不除役（台灣的核電廠興建於蔣經國的十大建設時代，3座核電廠分別於1978、1981及1984年開始商業運轉，均已超過30年），也是令人非常擔心的事。

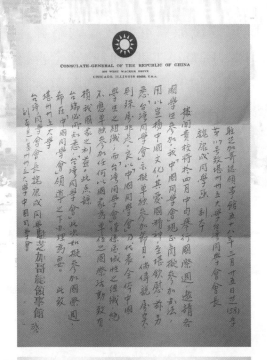

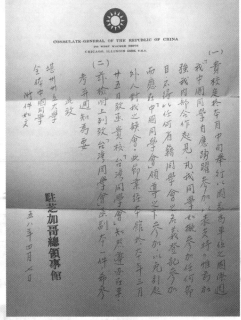

△ 1969 年駐芝加哥總領事館致堪州州立大學台灣同學會會長魏康成函全文，指「台灣同學會僅係區域性之組織，絕不應單獨參加任何以國家為單位之國際活動，致有損我國家之利益。」哈，不覺得聽起來很熟悉嗎？原來共匪打壓台灣的手法也學自國民黨！

至於目前對中部地區民眾造成極大生命威脅的火力發電廠燃煤污染問題，看在專家王泰和眼裡更是不可思議，他所居住的漢廷頓海灘市（City of Huntington Beach）是南加州房價相當昂貴的地區，他家附近有一座火力發電廠，30年前就有很成熟的集塵清煙技術（scrubber systems），比起花那麼多錢蓋核電廠，燃煤電廠的集塵設備改善所花經費有限，他說他沒聽過有乾淨的煤，但燒煤後所產生的廢氣可以清煙技術清除，排出的就只剩白色的乾淨蒸汽，不會做的話可以去美國學習，不要只和落伍國家比爛。

1993年黑名單解禁後，王泰和連續3年中，每半年組「台灣人權訪問團」回台，他不去找風光的公職人員，而是到偏鄉、到少人關懷的社運工作者的場域，他發現，台灣社運做不起來的主因是缺錢缺人，外加沒有公職頭銜很難處理公共事務，

難怪很多年輕人最後發現，唯有去擔任公職人員助理，既有錢領又有前途，其他的社運議題就這樣被壓抑在無人理會的角落，像大林埔的抗爭就令他很受感動，卻至今未能解決。

　　和很多黑名單解禁後滿懷熱情想回鄉貢獻的人士一樣，王泰和的返鄉熱情慢慢被迫轉移到他原本熟悉的海外場域，譬如和新疆獨立領袖熱比婭、譬如和香港雨傘革命人士等，他都同樣關注。而於2017年榮獲全美台灣人權協會主辦的「王康陸人權獎」，這個獎項對他來說可謂實至名歸。

（2018.4.28.於美國加州）

百歲街頭鬥士蔡瑞雲

　　在南加州台灣人社團中，蔡瑞雲的知名度超高，因為不要說在美國，就是在台灣，像她這樣的百歲人瑞還如此健康的非常少見；以她的年齡還能如此熱衷台灣人事務的，更是難得；曾經連續3年以上，每個週末都和一群南加州「台灣建國促進會」人士到洛杉磯的僑委會駐外辦事處門口舉牌抗議訴求廢除僑委會的，則是絕無僅有。

　　我在2016年赴美時，首度想要好好採訪她，想不到車抵她所住的「鶴園」老人會館前，手機掉到路旁水溝，雖立即搶救，還是無法照相，沒有把她親自洗切水果的鏡頭拍下來，最是可惜，兩年後重回洛杉磯，她因身體微恙住院中，又失去捕捉長輩身影的機會。

　　1914年出生於雲林北港的蔡瑞雲，還在母親腹中時，父親生病，母親去算命，算命師說她屬虎，生父也屬虎，是剋父命，因此一生下來就把她送人了，只是幾個月後生父還是死了。

　　幸運的是養父母對她很好，小學畢業後她考上台南第二高女（當時雲林屬台南州所轄），成為轟動地方的大事。

　　在高女，她住在20人一間的學寮（宿舍），因為室長打算投考廣島高等師範學校，蔡瑞雲客氣的說她是擔心不努力會留級，兩人相約每晚9:00熄燈後，偷偷溜到廁所旁邊的台階努力讀書，聽到舍監巡房的木屐聲，兩人就躲進廁所裡，就這樣每天讀書讀到半夜三、四點是常事，室長果然如願考上，蔡瑞雲畢業時也得到學業優等賞，老師一直鼓勵她繼續升大學。

　　蔡瑞雲心中也夢想能到日本讀醫科，剛好有一位遠親在日本讀書，親戚家是開「油車間（榨油行）」的，家裡財力雄厚，希望娶她為妻並支付學費讓她到日本圓夢，不巧養母在那時病倒了，蔡瑞雲不敢拋下養母遠赴日本讀書，不只醫師夢碎，親事也談不成了。

她後來選擇當老師，日治時期就教了16年的書，日本人因為有海外加給，薪水比台灣人老師要高，「我們的月給（月薪）是40円，日本人60円，很不公平。」蔡瑞雲說。

戰爭中台灣總督府鼓勵台灣人改日本姓名並推動「國語家庭」的皇民化政策，凡是成為國語家庭，生活所需的配給品如米、油、糖等都可獲得比較多，蔡瑞雲的日本姓名是安滿瑞子。

戰爭末期，美軍前來空襲的次數越來越頻繁，約有半年的時間，老師每天到學校，就要帶學生進入防空壕躲避轟炸及掃射，後來就開始疏開（避難）到鄉下，總計戰爭結束前三年中，蔡瑞雲一家從台南市區疏開到安平，接著到台南縣鄉下，最後回到北港，到元長公學校任教，那時她已經結婚並育有4名子女。

「元長鄉沒有受到什麼轟炸，戰後回到台南就不一樣了，台南州廳炸毀，我先生的家、我們以前的住處全毀，我們所有的證件也都不見了。」蔡瑞雲說。

戰後的生活比戰爭中更為困頓，國民政府接收要員的貪腐無能，台灣許多物資被一些貪官污吏偷運到中國變賣，物價狂飆，終於引爆二二八事件。

她的先生黃周圍戰後經台灣省參議員韓石泉的介紹，接受4個月的行政人員訓練，隨即擔任台南市政府教育科長，蔡瑞雲則在家照顧公婆及子女。後因家中食指浩繁，蔡瑞雲決定復出教書。

她在5月間詢問隔壁鄰居一位金姓督學，督學說，市內的教師已經在4月全部派完，只有安平的西門國小還有缺，蔡瑞雲決定接受。

當時從市區到安平的公車每天只有一班，她在1946年又生了么女兒，每天出門前要先餵食母乳，趕不上搭公車；原本儲存了一些錢，丈夫拿去借給姐夫了，蔡瑞雲只好每天上午餵完母乳，邊走邊跑到安平去教書，下班搭同事的便車回市區，一個學期後才調回市區的進學國小。

△2016年2月27日,「大洛杉磯台美人社區聯合紀念二二八國殤」典禮,由蔡瑞雲(左)帶頭點蠟燭展開序幕。

「我年輕時吃了很多苦,尤其那段時間每天從台南市區跑到安平教書,或許是那時的訓練,到現在腳真勇。」蔡瑞雲說。

二二八事件時,台南夫家被炸毀處不遠,就是林茂生的老家,她聽說林茂生失蹤了;湯德章在民生綠園被處決時,她遠遠看到有3人一起被殺,眼淚不住的流卻不敢靠近;最緊張時,丈夫獲配的日本宿舍裡,全家人一起躲到塌塌米下,後來市府的外省人同事十多人也來躲一天一夜,到了晚上才敢拿食物去給他們吃,兩天後較平靜才敢出來。

她也經歷過物價大波動的「四萬換一元」時代,日治時期夫妻辛苦工作的40萬元存款,變成10元新台幣,一切從頭開始。

她在60歲退休後到美國為女兒做月子,因為子女多數在美國定居,從那時起她就在台灣美國兩地之間兩頭跑。

她領的是「一次退」20萬元,在後甲買了一棟透天厝,那時政府財政困難,鼓勵軍公教人員領月退,一次退還要拜託有力人士才

能申辦,「我如果那時選擇月退,到現在還在領18%呢。」蔡瑞雲笑著說;那間後甲透天厝因為子女都不去住,她把它賣掉後所得均分給子女。

蔡瑞雲桃李滿天下,在台美人社團中很活躍、載我到鶴園採訪的黃惠美女士就是她的學生;她也曾教過前監察委員沈榮的女兒。「戰後台灣人變成中國人,那段時間日本人老師都離開,只剩下台灣人教師,我那時教六年級學生,有些家境比較好的子女,都希望到我的班上來,其中以醫師子女最多。」

她豐富的人生歷練,讓她後來移居美國時,一樣能活出精彩的人生,她在1982年丈夫過世後即搬到美國長住,1983年聽說洛杉磯的台灣長輩會將興建長輩會館及老人公寓,並招募股東,她立刻參加認股,老人公寓興建完成後她就搬入住到現在。

▽民進黨第一次執政時,南加州台灣建國促進會曾連續三年,每個週末都到僑委會駐洛杉磯辦事處門口舉牌,要求政府廢僑務委員會,前牌第五位站立者為蔡瑞雲。

2005年蔡瑞雲擔任多年長輩會理事後，終於被選為會長，是歷年長輩會會長中年紀最長的，卻也是最有活力的會長，南加州每有活動一定有她的身影，每位同鄉和她比起來都顯得年輕，同鄉社團在最年長會長帶動下，反而更加活力充沛，許多三代同堂的同鄉活動，是南加州台美人社團的共同美好回憶。

（2016.3.2.於南加州鶴園老人會館）

陳文成生日快樂

　　一早從臉書通知中看到大年初三的今天，是陳文成博士的生日。他如果不被暗殺，今年已經67歲，可惜他只活了31年，那年輕的生命就斷送在國民黨特務手中，殺人後把屍體放在他的母校台大校園，假裝畏罪跳樓輕生。和林義雄母親及雙胞胎女兒的命案一樣，迄今未破。

　　陳文成從建中畢業後，原本報考台大醫學院，因有色盲而改讀數學系，1975年獲得美國密西根大學獎學金赴美攻讀碩士，1978年以第一名獲頒博士學位，並獲卡內基美隆大學（Carnegie Mellon University）聘書，擔任助理教授。

　　陳文成到美國第一年就取得美國保險公司九級「精算師」的資格；他在數學方面的論文也頗受國際學術界重視。命案發生後，許多台灣同鄉深感痛失一位可能獲得諾貝爾獎的優秀人才。

　　陳文成身材壯碩，熱愛運動，用現在人的說法，是一位典型的「陽光男孩」。他也很關心台灣的政治發展，積極參加台灣同鄉會、人權會等組織，在密西根大學時曾主編安雅堡（Ann Arbor）《鄉訊》，當時台灣正由中央日報展開一場「鄉土文學論戰」，陳文成在《鄉訊》中以一系列的介紹鄉土文學與作家作為反擊。

　　那一陣子安雅堡台灣同鄉會是全美很活耀的一個同鄉社團，陳文成也被選為同鄉會幹事。1979年12月13日美麗島大逮捕後，全美台灣人社團群情激憤，各地紛紛捐款並展開包括向美國國會遊說、串連世界各地台灣同鄉聲援、發動遊行抗議……等，陳文成也不例外。

　　他早在1979年年中，美麗島雜誌社甫成立時，就曾將所募得的款項匯回台灣給總經理施明德；也曾在鄉訊中將《美麗島雜誌》的一篇文章譯成英文；美麗島大逮捕後他也去參加示威遊行。這些後

來都成為導致他被殺害的主要原因。

1981年5月20日，陳文成赴美後首次帶著妻兒返鄉。這次的返鄉也成為他的死亡之旅，讓他從此長眠在他熱愛的故鄉。

根據他父親陳庭茂的回憶，陳文成回台不久，家裡就發生一連串奇怪的事。

首先是6月底某個早上，在永和的陳家隔壁大門口，突然發生巨大的爆炸聲，左右鄰居的門窗玻璃都被震碎，有一人受傷送醫急救，警方調查後說是摩托車漏油引起爆炸。

6月29日，陳文成搭巴士南下墾丁，他發現有一台黑色轎車一路尾隨，巴士抵墾丁時，他正要下車，突然被後面的人用力推擠，幸好他身材壯碩，用力攀住車門，這時一路尾隨的那輛轎車快速由車門側邊開來，陳文成回家時告訴老爸：「好險啊，差一點沒命回來！」

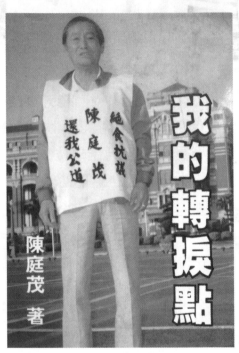

△陳文成的父親陳庭茂終其一生都在替他的孩子討回公道（陳文成基金會提供）。

6月30日上午，警備總部人員第一次約談陳文成，導致他原本打算7月1日返美的行程受到延誤，因為警總不發給出境證。30日晚上他弟弟文華曾問他要不要向美國在台協會報備一下，陳文成說不用。

7月1日弟弟又陪他到入出境管理局打聽何時可以出境，問不出結果；到警總會客室問，每個人都用假名「強恕人」，陳文成因為買的來回機票馬上到期，他又要代表學校參加一個統計學術會議，急著想知道結果，每個強先生都推說不知道，又說要他放心，一定

來得及。

　　7月2日上午，3名彪形大漢出現在住處門口，出示台灣警備總司令部的約談傳票，卻不肯交給家屬，陳文成在上午8:30隨他們出門。當晚沒有回家，第二天上午家人找陳文成的老師向警總詢問，答案是前一天晚上9:00已將陳文成送回住處樓下，事實是7月3日上午6點多，陳文成就被發現陳屍在台大校園，警方派員封鎖現場，卻直到下午2點多，家屬才接到一位不願透露姓名人士的電話，說陳文成被車撞死，已移往台大醫院太平間。

　　陳文成的家屬無法接受這個噩耗，他的父親陳庭茂從此窮其餘生為兒子的冤死找答案，美國的台灣同鄉群情嘩然，在美國發動一連串的抬棺示威，他的夫人陳素貞應邀出席美國國會為本案舉行的聽證會，強烈譴責國民黨在美國的校園間諜無所不在，並指稱陳文成死前遭到嚴酷的刑求，因為太多太多的外傷，不能以墜樓來解釋。

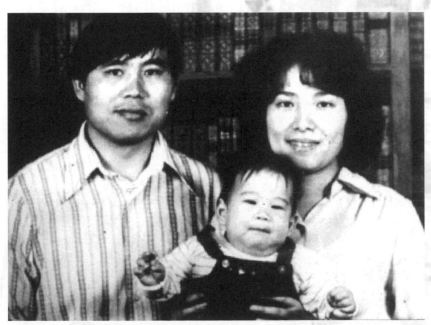

△陳文成（左）全家福（陳文成基金會提供）

在美國台灣同鄉的努力下，由陳文成就讀的密西根大學校長支助，國民黨勉強同意讓該校統計系主任狄格魯教授，及一位退休法醫魏契來台驗屍。陳文成服務的卡內基美隆大學校長更多次公開呼籲台灣當局應公布陳文成死亡的周遭細節。他最有力的說法是：「一個人不會在剛簽了三年教書聘約，接著帶著妻子與剛滿一歲的兒子回去訪問父母、兄弟之後，突然自殺的。」他並發表聲明指出陳文成是因政治因素而死的，堅決要求國民黨政府應全盤照實公布約談陳文成的經過，並要求美國政府採取適當行動。他的聲明與呼籲，在美國學術界及輿論界引起極大的迴響。

和林家血案及江南案一樣，陳文成命案終究是破不了的，原因大家心知肚明。現在唯一的一線希望是，美國方面曾介入調查的，除了當年法醫的檢驗報告：「陳文成是他殺下的犧牲者，他的死亡是在無意識的情況下，被人由防火梯上拋下致死。」美國國會反覆調查，後來還驚動中央情報局（CIA）也加入調查。或許旅美同鄉可以再去了解，這些調查報告能否解密，陳文成的死因或許得以真相大白，這應該也是阿成在地下最期待的事吧。

（原載2017.1.30.民報）

請給我們陳文成命案的真相！

● 陳庭茂夫婦攝於春秋墓園

△一個在學術上很有成就，熱愛台灣的年輕教授陳文成，35年前的今天被警備總部人員約談後，離奇死在他的母校台大校園，死因至今成謎。蔡英文總統說要在總統府成立轉型正義委員會，我們能期待它給我們答案嗎？（陳婉真翻攝）

　　35年前的今天，是陳文成31年短暫生命的最後一天。1981年7月3日早上6點多，他被發現陳屍在台大校園。陳文成命案和1980年的林宅血案，都是至今在台灣人心中留下重重疑點，可能永遠無法破案的政治案件。

　　35年後的今天晚上，在他的母校台大，有一場「陳文成事件35週年紀念晚會」。陳文成基金會近日特別逐日把他死前幾天所遭遇到的事情貼在臉書，引起極大的迴響。

　　這不禁讓人回憶起那位拿著一大疊照片及資料，跑遍全台及美國各地，一直要尋找兒子真正死因的陳庭茂先生（黨外朋友都

暱稱他「陳老爹」），也很感謝他強忍悲慟，寫出一本《我的轉捩點》，加上海內外很多人士的共同努力，陳文成雖然離開人世35年，陳文成基金會持續運作，陳文成在臉書上有很多朋友，彷彿大家還在同一個世界，共同關心台灣的前途。

陳文成是1975年赴美國安雅堡（AnnArbor）密西根大學攻讀博士，並於賓州卡內基美隆大學擔任統計系助理教授。

1981年5月，他帶著妻、子回台，卻被警備總部人員兩次約談，理由是：1、陳文成曾協助《美麗島雜誌》募款；2、並將所募款項匯給雜誌社總經理施明德；3、陳承認在匹茲堡曾安排將《美麗島雜誌》一篇文章轉譯成英文；4、返台期間曾向許多人談及台灣之民主改革。

這4點之中，警總認為最後一點最嚴重，說他回台的目的是為了傳播反政府的情緒。

事實上他返台期間一直都遭到跟監，6月29日他原本要約家人一起到墾丁，因陳庭茂感冒，他獨自前往，途中差點遭到「政治車禍」，幸因他體格壯碩逃過一劫。

接下來就逃不掉了，6月30日，警總第一次約談他兩小時，接著他原定7月1日返美，警總卻不肯核發出境證，7月2日一早，警總再度將他從家中帶走，從此和家人天人永隔。

官方對他的死因說是「畏罪自殺」。死亡證明書寫的是「高處墜落，出血過多休克致死」。

台北地檢署的調查報告說是：「1、台大研究圖書館東北角發現死者陳屍處是第一現場。2、死者由研究圖書館五樓太平梯平台墜下，碰擦二樓太平梯平台外沿墜地死亡。3、截至目前尚未發現有他殺佐證，意外死亡或自殺皆有可能。」

監察院的報告則說：「連續二十小時的情緒激動，身心疲憊……登上太平梯後，跨坐在欄杆上，一時精神恍惚或頭暈目眩，因而墜下。」

陳家對於這些報告完全不能接受，但起初全家深怕又遭受林義雄家的滅門血案，只能把自己鎖在家裡，對於外界很多關心的電鈴及電話全不敢接。

陳老爹在孤立無援的情況下，在兒子驗屍過程倒是堅持解剖時要照相給他看，而他自己也全程在旁觀看。他看到兒子肋骨一邊斷了九支，另一邊斷了三支，滿腹是血。肝肺都壞了，只剩心臟還好，腎臟一邊破碎一邊腫脹，胃腸是空的，恥骨斷裂，四肢完好，十指捲曲發黑，肘邊裂開十多公分，背後有四條血痕。

解剖後一名記者問他，他大聲說兒子不是意外死亡，更不是畏罪跳樓，他是被刑求致死的。第二天見報後，卻變成陳庭茂對解剖結果感到滿意！

陳庭茂指出兒子死亡的疑點包括：

台大草地若是第一現場，何以不見血跡？而且阿成俯臥之處有玻璃碎片，若是從高處落下，這些玻璃為什麼沒有造成新的傷痕？

阿成的皮帶為什麼會繫在胸口和腹部之間？為什麼沒穿襪子？他生前並非這種打扮。

阿成的恥骨破裂三公分，這種傷不是跳三、四樓可能造成的，顯然受到外力重擊。

如果臀部先著地，肋骨怎會斷十二根？

如果胸部先著地，恥骨不可能破裂。

「證人」鄧維祥說阿成死前曾去他家吃芭樂汁、葡萄、煎蛋等，解剖結果胃內空無一物，顯然死亡前八小時沒吃東西。

命案現場何以未保留，家屬未認屍前就草率移屍？

最奇怪的是陳文成鞋子塞了一張百元鈔票，而且是新鈔。這是傳統劊子手行刑之後的習慣，有的說是讓死者一路好走，不要來找他索命；有的說是要留給運屍的人的「禮數」。

美國同鄉對於陳文成的死亡更是反應激烈，因為每個人都可能是第二個陳文成。台灣人社團用盡一切辦法，譬如成立陳文成教授

紀念基金會、發動在美國國會舉行聽證會、邀請美國的法醫來台重新驗屍……，在美國引起很大的關注，特別是國民黨派遣的「校園特務」的問題更是關注的焦點。

　　陳文成任教的卡內基美隆大學校長塞亞特博士（Dr. Richard M.Cyert），自始就認為陳文成的死亡是政治因素所致，他在聲明中大聲疾呼，要求國民黨全盤照實公布約談陳文成的經過，並要求美國政府採取適當行動。他對國民黨公布陳文成係跳樓自殺後更指責國民黨「昏庸無知」。他說：「一個人不會在剛簽了三年教書聘約，接著帶妻子與剛滿一歲的兒子回去訪問父母兄弟之後，突然自殺的。」

　　35年過去了，老爹也走了，阿成一歲的兒子也已經36歲了，老爹死前一定帶著極大的遺憾走的；兒子也一定很想知道什麼原因讓他失去了父親，所有台灣人都有權知道這個事實。蔡英文就職時說要在總統府成立轉型正義委員會，我們能期待它給我們答案嗎？

（原載2016.7.2.民報）

吳銘輝與阿里山事件

　　驟聞老友吳銘輝先生過世，想起戒嚴時期國民黨官僚的倒行逆施，又想到他一個人孤獨的推不動他的武裝革命理論而抑鬱以終，竟然澈夜難眠。

　　阿里山事件發生的1976年，我還在當時的第一大報中國時報當記者，印象中報紙只以短短幾字帶過，社會上根本不知道事件的來龍去脈，因而決定把當年訪問吳銘輝談阿里山事件的部分稍作整理，一定要讓它在國民黨作惡作端的生死簿上，增添這一筆。

　　這事要從日本時代說起：阿里山森林鐵路完成後，日本人為了鼓勵更多平地人上山墾殖，開放鐵路沿線許多公有地，以低價放租，因此，在阿里山上有許多世居三、四代以上的居住戶。

　　國民政府來了之後，把鐵路沿線全劃為林班地，歸台灣省林務局所有。鄉民不察，仍沿往例按期繳納租金。其後林務局才慢慢依現況變更使用，轉售予現住戶。

　　只有阿里山火車終點站鬧區一帶，卻遲遲未能辦理轉售，原因是林務局將原本嘉義縣政府管轄的阿里山風景區，規劃為直營的森林遊樂區，因而設下阿里山鬧區居民只准遷出不得遷入，以及禁運、禁商、禁墾等重重限制，目的就是要逼現住戶遷村。

　　林務局整個規劃過程完全黑箱作業，既無法令依據，又未報經行政院核准，且未正式納入預算，目的是規避省議會的審查，許多官員及民意代表早已從中炒地皮，林務局並自營阿里山賓館及壟斷公車業務，因此，幾度和住戶協調均無結果。

　　1976年11月8日晚間，國民黨嘉義縣黨部主委出面，邀林務局和住戶代表在黨部又進行一次冗長而無結果的協調。就在深夜，也就是9日凌晨兩點，阿里山上發生一場「無名怪火」，大火整整延燒8小時，總共燒毀81戶民宅、11家民營大旅社，災民約有四、

五百人。

現代版暴君焚城錄

火災之後，林務局立即要求地方警察機關配合，逕行對受災戶下達禁運、禁水、禁電、禁瓦斯等命令，企圖一舉達到逼迫住戶遷村的目的。林務局自營的阿里山森林火車也配合這項措施，只行駛至十公里外的「十字路」站，斷絕居民對外交通。

根據吳銘輝的查訪，火災當晚，林務局阿里山林班處處長，先帶領員工切斷水源後縱火——這種縱火是當時主政者慣用的手法，台北市中山北路麗晶酒店前廣場原本有一家「夢咖啡」、以及對面不遠的蔡瑞月舞蹈教室，都曾遭到莫名的回祿之災；台中市很多日式木造房子也都遭到同樣命運。

特別是林務局各林班地弊端叢生，省議員都知道，林務局監守自盜、山林濫墾，甚至放任原本應該造林區域未造林等情形，只要遇到監委巡察或上級長官視察，自知嚴重到無法掩飾時，便縱火燒山，湮滅證據。

吳銘輝說，1976年11月9日凌晨，未參加協調的居民在睡夢中發現失火，急於找水救火，卻連消防栓都滴水全無，在11月的下雪天，房舍在燒，雪也在燒，居民們眼睜睜看著家園付之一炬，縱火者也在高處的阿里山賓館，欣賞雪夜中的火景，好一幅現代版暴君焚城錄！

林務局對於水源被切斷一事的說詞是，為了節約能源，該區水源地一向是在晚間停止供水，而起火原因則無法查出。

為了突破林務局禁運及禁止原地重建的違法禁令，吳銘輝協助災民，買來大量帳蓬，以「救濟物資」為名，逃過檢查，以火車運到「十字路」站，災民再徒步扛上山，臨時帳蓬在火燒原地一座座撐起來，遠處未遭波及的五、六十戶人家，基於同情，也基於義

憤，主動提供水、電、瓦斯、食物等，災民慢慢進行重整家園的工作。

那次以後，連「救濟物資」運上山，都要經過嚴格的檢查。

蔣介石銅像傲視下的阿里山暗黑史

為了走一趟1976年阿里山事件後吳銘輝走過的抗爭路，臨時決定再上一次阿里山，這次有嘉義朋友王明俊兄開車帶路，收穫良多。

有關嘉義縣議員吳銘輝為了協助災民，最終選擇搭漁船偷渡，並參加美國國會首次舉辦「台灣人權聽證會」作證的經過，我訪問他的文章刊登於1990年7月12日及16日在美國發行的《台灣公論報》；也收錄於我所著的《啊！黑名單》書中。

△陳婉真當選立委後赴美時和吳銘輝及楊豐明合影，感謝吳銘輝的侄子提供。

三年後我擔任立法委員期間，在第二屆第三會期施政總質詢中，提到很多阿里山事件的後續問題，刊登於立法院公報第83卷33期。

總質詢前我上山查訪，遇到一位廖增哲先生，出示阿里山大火之後，男女警察全面動員，阻止居民重建家園，以及他帶著太太及兩名稚女睡在火車站抗爭的照片，邊說邊流眼淚。

那已是災後17年的事了，吳銘輝流亡美國，災民們也被林務局強迫搬遷到阿里山森林遊樂區大門入口處不遠的住宅區，唯有廖先生一家堅持留在今沼平車站的火燒現場，只為了討回一點公道與尊嚴，林務局逼不得已，只好把車站旁的機房一角「借」給他們一家六口居住，卻不供給水電。廖太太廖李麗雲女士，因不堪長期承受壓力，罹患了精神分裂症。

22年後的這次上山，沼平車站已經不復當年的熱鬧──因為抗爭不止，阿里山鐵路的終點站被往下移。諷刺的是，林務局在整修的沼平車站興建了一個「櫻花老街」，卻不敢說明真正的老街被他們燒掉的歷史故事。

更諷刺的是，在鐵道對面空地上，興建了一尊全國最高的蔣介石銅像，蔣介石面帶微笑，正好面對當年的火災現場，彷彿在嘲笑抗爭的人哪有能力對抗他的國家暴力。（這尊銅像是嘉義縣當今縣長的老公曾振農，在1982年以2百萬捐資興建的。）

巧合的是，現場遇到一位在地的鍾先生，後來和廖先生結為親家。他說，廖先生五十多歲就罹患腦瘤辭世了，他們一家最終也被迫搬到每戶僅17坪的住宅區，但沒多久就被林務局以資格不符趕出住宅區。戒嚴時期膽敢對抗強權的下場就是如此。

我們隨後又到住宅區繞了一圈，同行的江教授彷彿突然回神過來，說：「原來40幾年前就有『大埔事件』了！」

（原載2015.11.12.陳婉真臉書）

三國迫害不妥協
——石錫勳的子女談家族故事

　　他們家的故事如果拍成一部大河劇，必定精彩。

　　他們的祖父是清國時期的漢醫，家境富裕，從小由祖父親自教授漢學。

　　他們的父親有五個兄弟，二伯父石錫烈和父親石錫勳都是醫師，二伯父不但是賴和同學，也是經常以詩會友的死黨。石錫烈曾任職台灣總督府，後來到集集開設幸生醫院，1922年因日月潭開設水力發電工程，曾受聘為台灣電力會社囑託醫。

　　他們的叔叔石錫純畢業於東京帝大農學部，曾留校兩年任研究員，隨即回台經營南亞製粉株式會社。

△彰化詩社「應社」三週年成員合影，中坐者為賴和，後立者石錫勳（石美莎提供）。

△石錫勳的子女：石秋洋和石美莎參觀賴和紀念館。

「我七歲以前，家中非常富裕，雇用藥局生五、六位。煮飯、洗衣、奶媽各別照顧我們。四間店面，面對大馬路，後面有四合院及大花園。父親的事業包括貨運、株式會社（合會）、新台灣日報社。」石錫勳的大女兒石美莎這樣描述他們的童年生活。

小時候對父親的印象是他每天都非常忙碌，一有空閒在家，只看到他不是看書就是唱詩。家中經常高朋滿座，醫院的業務多由他們的母親張慶美代勞，她是東京帝國女子醫專畢業的醫師。

「他對子女向來嚴肅，不苟言笑，也因此很少與子女談到他的往事。我們一直把他看成高高在上的父親，不可親近，也無法了解他。可是他待親友與病人卻是非常親切與友善。」他和賴和一樣，病人積欠醫藥費的，他絕不催討，因為他認為他們一定有不得已的苦衷。

這個高高在上的父親，日治時期是文化協會最年輕的成員，被派到文化沙漠的高雄旗津。剛好父親為了逃避長輩指定的婚姻，到高雄正合其意。對於文協會務的推廣也頗有收穫。因為他長得高聲音宏亮，四處演講中很快就得到「石大砲」的綽號。

「父親個性應該說是硬如石頭吧。只要是他認為對的，他就去做，即使多次被關，傾家蕩產他也在所不惜。」長居美國的兒子石秋洋說。

他在台北醫學校（今台大醫學院）讀書時，就曾不滿日本人與台灣學生的不平等對待，在黑板上這樣寫：「吾輩激奮兮，安五方；三十年遺恨兮，今相存。有血有淚兮，漢男子；中宵拔劍兮，台灣魂！」差點被學校開除。

他曾隨二哥石錫烈到日月潭擔任台電囑託醫時，看到台電規定洗澡時台灣人要等到日本人都洗過，才輪到台灣人，他也去抗議。

這種隨時路見不平就要出聲的個性，導致石錫勳在日治時期涉入包括1923年的「治警事件」，被判罰金百圓；1931年《大眾時報》逮捕事件他因幫重症病人往診遲到而逃過一劫，但家中卻被搜得一塌糊塗。文協分裂後，1930年4月9日在彰化演講時，他和王敏川還率眾前去，以現在的說法，就是去「鬧場」。

導致他們家庭遭逢巨變，最大原因是1949年因為經營貿易的石錫純，連人帶貨從日本返台途中，在上海遭到意外。石美莎說是被共產黨搶劫，石秋洋判斷是遇到颱風而失蹤。

石錫勳和石錫純兄弟因此遭到通緝，石錫勳四處逃亡，妻小搬到集集「洞角」石錫烈家。石美莎回憶說，那年她才八歲，不知家中發生悲慘事，反而因母親常帶他們在後山小屋或說故事或唱詩歌，父親偶而也會回來說故事給他們聽，讓她過了一段最快樂的童年。

第二年，為了小孩的就學問題，全家搬到台中外婆家，卻因為父親得知秋洋得了傷寒病危趕去探視，被守在外面的特務逮捕，關了三個月後無罪獲釋。

隨後參選彰化縣長屢敗屢戰，更讓全家生計陷入困境。有一度為了生計，石錫勳曾到基隆的醫院受聘行醫，為了面子考量，特別交代家人不能透露他的行蹤。很多好友以為他被捕，反而更加擔心。

綜觀石錫勳的一生，日治時代參加文化協會，戰後擔任第一屆彰化市長，國民黨彰化市黨部在他手中成立。但他很快發現國民黨的真面目，立即辭去足以讓他榮華富貴的所有官職，導致後半輩子窮困潦倒、被通緝、成為叛亂犯、被吊銷醫師執照。他依舊堅持立場不妥協。雷震籌備組黨時，他是彰化地區唯一參與者，在反對兩個政權對台灣人的欺壓上，他始終如一，永遠站在第一線，散盡家財而不悔。

倒是他的夫人在他最後一次被捕時，因得知平時沒有高血壓的石錫勳，在獄中罹患了高血壓，身體狀況很差。她四處請託，甚至去找文協時和他對立的蔡培火，被蔡培火奚落說：「你以為我不知道他們以前都罵我『臭培火』。」不過蔡培火最後還是幫他爭取到保外就醫。

他們也輾轉由立委齊世英處聽說找萬年立委梁肅戎有效。石秋洋當時還是大一學生，梁肅戎看到他時一臉不屑說：「找你們家大人來講。」石秋洋說：「我就是我們家大人。」但梁肅戎說律師費（那時的萬年立法委員都可以當開業律師）要二至三萬元，「我哪來那麼多錢啊？」石秋洋說。

他們的母親不放棄，四處請託，也以五萬元聘請一位律師；也拜託謝東閔幫忙，經過千辛萬苦，才把父親以保外就醫名義，救了出來。

「我很感謝弟弟秋光，他學建築的，在省建設廳任職不久就辭

職，自行在高雄開業。早期生意做得很成功，父母親晚年都是由他照顧的。如果沒有他無怨無悔的照顧，我就要從美國回來盡人子的義務了。」石秋洋說。

如此黑名單的家庭，秋洋是如何能出國的？

「我中興大學畢業後任職中央研究院，我的老闆先出國，他鼓勵我也出去。我取得獎學金之後申請出境時，出境證上的名字寫成『石秋萍』，可能就因為這樣，我去申請更正時不必再經由特務單位的審核，才得以出國。」石秋洋說。

他出去沒多久，康寧祥辦的《八十年代》、《暖流》、《亞洲人》等，都由賴義雄及石秋洋具名，替他把雜誌寄到全世界。曾擔任大學教授，也曾自組公司，和父親的人生比起來，算是相當順利。

「父親是一個理想家，像他這種人，在那樣的年代，其實是不應該有家庭的。我這一生和父親只有一次認真的對話，子女都由母親一手帶大，母親最是辛苦。」石秋洋說。

姐弟而今都已屆古稀，回首前塵，家族中他們那一代的，散居台灣、中國及美國等地，彼此還有聯繫。石美莎說，五叔石錫純滯留中國，文化大革命時因不堪被折磨跳樓身亡，所幸他的妻兒未跟過去（其妻也是醫師的女兒，兒女在台灣長大後都搬到美國）。一個石氏家族，分別在三個國家遭受迫害，是那個時代的悲劇。

（原載2016.11.25.民報）

△石錫勳全家福，於家中弟弟石秋光（左）當兵放假回家時合影（石美莎
提供）。

從白崇禧的歷史功過談起

　　2014年3月7日，名作家白先勇出版了《止痛療傷：白崇禧將軍與二二八》，說：「白崇禧將軍以沉著的態度，明晰的智慧，悲憫的胸襟，為遭受『二二八』重創的台灣民眾止痛療傷。他在重重掣肘之中，查明台灣軍政高層濫施捕殺的真相，並拯救了眾多民眾的性命。」

　　以白先勇的文筆與知名度，把他父親白崇禧寫得如此完美，外人無話可說，但二二八事件是一件影響台灣近代史很重要的事件，當時擔任國防部長的白崇禧究竟真的是智慧悲憫的救世主？還是下令屠殺的主謀？二二八受難家屬王克雄（王育霖之子）的看法是很重要的參考依據。

△二二八受難者王育霖之子王克雄。

我在2018年赴美時，曾訪問王克雄，蒙他贈送《期待明天的人：二二八消失的檢察官王育霖》，不久並傳來一篇〈白崇禧下令殺害台灣菁英〉，說法和白先勇完全不同，我因而決定摘錄他的文章，作為本書的後記。

從兩人南轅北轍的說法，更讓人感嘆，才不過是七十多年前的歷史，真相卻是彷如羅生門，以白先勇的高知名度，他的說法相當程度改變一般人對白崇禧的印象，而時至今日，二二八事件還是沒有加害者，被害者是永遠的弱勢，不禁令人感慨轉型正義之路竟是如此遙遠坎坷。

台灣近年來的選舉，越來越多弱智與反智的候選人高票當選，還被當作偶像崇拜，除了來自中國的陽謀之外，對歷史的無知是導致對國家前途沒有方向的原因，好不容易得來的民主成就更可能瞬間被摧毀，但願這只是我個人的杞人之憂：

……蔣介石在大屠殺告一段落及大量逮捕台灣菁英後，很快在3月17日派來國防部長白崇禧及兒子蔣經國，大肆報導要宣慰台灣同胞。白崇禧扮演了很好的宣慰角色，在報紙及演講說了很多宣慰台胞的話，也免去幾個市民的罪行及要求軍隊守紀律，只是為了安定人心，避免事件擴大。

骨子裡，國防部長白崇禧主要是來視察軍隊的運作及加強對台灣的控制，而蔣經國來當蔣介石的耳目。蔣經國抵台隔天3月18日立即拍發電報給蔣介石：「親美派——林茂生、廖文毅與副領事Kerr（葛超智），請美供給槍枝及Money（金錢），美允Money。」誣告台大文學院長林茂生及廖文毅向美國人要求武器和金錢。

白崇禧於3月24日也呈報蔣介石：「正待加緊追繳清剿。一切

善後尚須審慎處理。正巡行各地，詳加調查研究中。對台事決定，最好待職宣慰工作整個完成，報請鈞裁，較為適當。」及「國內台籍各團體人民代表僅憑風說提出種種要求，尚懇鈞座勿輕許諾。」足證白崇禧表面在宣慰，真正在督導軍隊來鎮壓及清剿台灣人。白氏來台灣之前，在南京已經接見很多位台灣旅滬人士，聽到他們的哀求，他們也以為可以信任白氏。他們怎能料到白氏在背後要求蔣介石，不要聽從台灣人的呼籲？足證白崇禧很會欺瞞台灣人，他一方面扮演白臉，另一方面也黑心扮演黑臉。

由於白崇禧的命令，陳儀劃分台灣為七個綏靖區：台北、基隆、新竹、中部、南部、東部與馬公，要在台灣各地執行「綏靖」任務，並發表「為實施清鄉告民眾書」，從3月21日起為了「徹底肅清惡人」，而「實施清鄉」。當時白氏兼任「全國綏靖區政務委員會副主任委員」，他在台灣設立綏靖區是為了廿一師及其他軍事單位能分區有效清剿台灣人。在清鄉時稍有嫌疑就逮捕，羅織殺害非常多的台灣人。

白氏於4月2日離開台灣，他所督導的廿一師在3月分不到一個月中，打台灣人用各式子彈近二十萬發、手榴彈一千餘顆及各式砲彈約七百多發。您能想像多少台灣人被殺嗎？

白崇禧最大的錯誤是把二二八的起因歸罪於中國共產黨，並將抗爭的台灣人當做共產分子，事實上當年在台灣的共產分子少之又少。

照白崇禧的說法，凡是批評政府或國民黨都是共產黨。我父親王育霖檢察官不顧上司的指示，堅持要查辦貪官，結果被迫辭職。他到台北參加林茂生辦的民報，擔任法律顧問及撰寫社論和司法評論。我父親也寫《提審法解說》一書，強調軍警逮捕人後，在廿四

小時內須解送法院，不可私自關人或刑求。他一再強調維護人權及司法改革。顯然被白崇禧這種推論誣陷為共產黨，而遭謀殺滅屍。

白氏回到南京在4月6日呈報的「宣慰台灣報告書」也說明他任命張慕陶、史宏熹、岳星明、劉雨卿、彭孟緝、何軍章、史文桂等七人為各區的綏靖司令，並自3月21日起，開始清查戶口，辦理連保，徹底肅奸，推動嚴屬的清鄉工作。那時台灣已全部平定，廿一師應該撤回中國或只是單純的駐軍，白氏不這麼做，反而授給清鄉的新任務。他既然認為「共匪叛徒隱藏或散伏民間」，理應由警察處理，而不是動用軍人。結果各地軍政人員乘機勒索，掠奪錢財，甚至假公濟私、殺人構陷的事件層出不窮。白崇禧應該對清鄉的罪行負最大的責任。

白氏3月26日的報告也為二二八的大屠殺找了藉口：「彼輩所謂高度自治及所提無理要求，則直欲奪取政權已無疑義。」並且提出以後軍隊的佈置，在台灣要保留一個師及二個憲兵團。至於如何治理台灣人，他說：「除戶籍、交通警察規定暫時不攜槍枝，可用台籍外，其餘員警仍以外(省)籍充任。」「台省各級民意機關頗不健全，應分別保留或改選，將此次參加事變人員按其情節輕重分別淘汰。」「縣市長民選原擬提前實行，……應利用戒嚴時期將奸匪暴徒肅清，已失械彈收回，再斟酌情形辦理。」白氏剝奪了台灣人參政的權利，並且更要利用戒嚴的機會，肅清他們不喜歡的台灣人。

他特別稱讚：「此次事變鎮壓最為得力高雄要塞司令彭孟緝，獨斷應變制敵機先，俘虜暴徒四百餘人。基隆要塞司令史宏熹沉著果敢，擊破襲擊要塞之暴徒。……各該員擬懇分別獎勵，以昭激勵。」這些殺人魔卻被白氏在台灣人背後大為讚賞，宣慰只是欺騙

台灣人而已。與白崇禧同一時間在台灣的何漢文監察委員說：「死三、四千人」及丘念台監察委員描述3月8日以後「軍警擴大屠殺」的慘狀。反觀白崇禧只說：「俘虜暴徒四百餘人」，卻不提這些殺人魔屠殺了多少的台灣人。

白氏非常瞭解這些被逮捕的人有法官、檢察官、律師、大學教授、教師、國民大會代表、參議員、市參議員、醫師、報社負責人、新聞記者、企業家等等，但都不是共產黨徒。白氏蓄意謀殺這些台灣菁英，所以公然撒謊，不承認逮捕這些人。當時英國駐台北的領事G. M. Tingle於3月21日發電報說：「政府不遺餘力追尋並殺害領袖人物，……殺人如麻的目的是使福爾摩沙人不再有未來的領袖。」這才是國民黨在二二八殺害這麼多台灣菁英的真正原因。

有人說，制止黨軍對台灣人的瘋狂大屠殺是白崇禧的功勞。這不是事實，在白氏抵達台灣之前，瘋狂大屠殺已大都停止了。白崇禧有一張漂亮宣慰的面具，但我們必須瞭解他的真面目，在台灣人背後他做了什麼。白崇禧是二二八主要魔頭之一，也是台灣政治史上，最會公然欺騙的人。竟然在台南市延平郡王祠有牌坊紀念他，至少在那牌坊邊的解說應該闡明白崇禧在台灣的惡行。現在還有人違背事實，公然稱讚白崇禧在二二八的作為，實在侮辱台灣人，公義何在？二二八慘案的真相要交待清楚，而不是繼續欺瞞台灣人，如此才能諒解，才能走出二二八的陰影。這是轉型正義要做的工作。

國家圖書館出版品預行編目資料

街頭與牢籠之間──台灣民主化的無名英雄／陳婉真著. --
初版 .-- 彰化縣：財團法人綠色台灣文教基金會，2019.4
　　面；　公分
ISBN　978-986-97647-0-4　（精裝）
1. 臺灣史　2. 臺灣民主運動　3. 人物志
733.2929　　　　　　　　　　　　　　　108004437

街頭與牢籠之間──台灣民主化的無名英雄

作　　　者　陳婉真

校　　　對　陳婉真、紀哲嘉

發 行 人　陳婉真

企　　　劃　財團法人綠色台灣文教基金會

　　　　　　520 彰化縣田中鎮斗中路二段 706 巷 299 號

　　　　　　電話：（04）874-1056

設計編印　白象文化事業有限公司

　　　　　　專案主編：陳逸儒　經紀人：徐錦淳

經銷代理　白象文化事業有限公司

　　　　　　412 台中市大里區科技路 1 號 8 樓之 2（台中軟體園區）

　　　　　　出版專線：（04）2496-5995　　傳真：（04）2496-9901

　　　　　　401 台中市東區和平街二二八巷 44 號（經銷部）

　　　　　　購書專線：（04）2220-8589　　傳真：（04）2220-8505

印　　　刷　基盛印刷工場

初版一刷　2019 年 4 月

定　　　價　300 元

贊助單位　財團法人國家文化藝術基金會